前 置 詞 TO

その働き方は先行語が決める

金 城 健 裕

はじめに

　前置詞 to の用法は複雑で、糸口さえつかめない乱麻のように見えた。乱麻を断つ快刀を探し続けたが、快刀は to の中にあると思い込んでいたため、何年たっても見つからなかった。

　気分転換に、用法が似ている for を調べると、それは特殊前置詞としても働いていることに気がついた。それで to を見直すと、to は特殊前置詞になることが圧倒的に多いことを発見した。

　快刀は to の前にあった。特殊前置詞として働く to は先行語がその働き方を決めている。故に、先行語次第で意味が変わってしまうのである。さらに、to は特殊前置詞としてばかりでなく、固有の意味を持つ普通の前置詞としても働く。

　特殊前置詞としての働き方が分かり、普通の前置詞としての働き方も分かると、前置詞 to は三列に整列して実に理路整然とした働き方をしていることが理解できる。

　現代英語の前置詞 to の用法の大部分は特殊前置詞 to が占めている。普通の前置詞 to の用法は古期英語の toᶜ の用法の名残として残っているだけであるため、例外的なものである。

　前置詞 to に手を焼いている高校生や大学生、それに手を焼いた経験をお持ちの卒業生に本稿は有益であると信じます。卒業して 15 年 30 年以上たった方にも新鮮な思いを呼び起こすでしょう。新しい世界に慣れるのに少し時間がかかるかもしれませんが、理路整然と展開する to の世界は知る価値があります。

　最初の 10 ページでその概要を知ることが出来ます。そこを 2、3 回読んで大まかな全体像を捉えてから次に進んで下さい。そこでも例文全部を読むのではなく数例読んで、先に進んで全体像を確認して下さい。

特殊前置詞と普通の前置詞

　前置詞 to は二種類ある。普通の前置詞は before(= 〜の前に)のように固有の意味を持つ。しかし、特殊前置詞 to には固有の意味がなく、先行語次第で異なる意味になる。言い換えると、特殊前置詞 to は「つながり」又は「隔たり」の性質を持つ先行語と同じ性質を持つ。

　　特殊前置詞 to

1.　**Tom was glad** *to see you.*

　　トムは君に会えたのでうれしくなった。　（原因）

2.　**Tom came** here *to see you.*

　　トムは君に会うためにここへやって来た。　（目的）

　同じ *to see you* を使っているにもかかわらず、例文 1 では原因を表し、例文 2 では目的を表している。何故か。To の先行語が to の意味を決定し、その to が後の不定詞 *see you* の働き方を決定しているためである。この to には固有の意味がなく、先行語次第で意味が変わってしまう**特殊前置詞**になっている。

　例文 1 の to の先行語 glad は感情の変化を示す語である。反応や感情変化は刺激に「接して後に」起こる。前置詞 to もその様な先行語と同じ性質を持ち「接して<u>後に</u>」になる。

　　ここには前置詞の重要な働きも現れている。「夏至は春分の<u>後に</u>ある」と「春分は夏至の<u>前に</u>ある」は同じ内容を表す。これは「<u>後に</u>」には裏の意味「前に」があることを示す。従って、「<u>後に</u>」は夏至から見て春分はその「<u>前に</u>」あることも表す。

　　故に、「<u>後に</u>」の to は不定詞 *see you* が「<u>前に</u>」あることも示し、glad と *see you* が後先関係にあることも示している。その

上、「会うことによってその結果うれしくなる」ため因果関係も示している。そういうわけで、「前に」を示す不定詞 *see you* は原因を表すと言われる。即ち、to の後の不定詞で原因を示していることになる。To は「接して後に」を示して、後先関係まで明らかにして役割を終える。To が直接原因を示すのではない。

　例文 2 の came は意志でコントロールされる語で、それは将来の事がらを目的として設定する意図的動作である。さらに、それは目的達成のために、前もって行なう動作である。従って、意図的動作を表す語には「離れて前に」の性質がある。前置詞 to もその様な先行語と同じ性質を持ち「離れて前に」になる。

　「前に」には裏の意味「後に」がある。「前に」を示す to はその後の不定詞 *see you* が「後 (将来) の」事がらであることも伝える。その結果、came と *see you* は前後関係にあることも明らかにするが、因果関係は示さない。

　後 (将来) の事がらである ***see you*** は「利益・ため」になる事がらであるため、意図的動作 came の「目的」になる。To は「離れて前に」を示して役割を終える。後の不定詞が「目的」を示す。

普通の前置詞 to

　前置詞 to は特殊前置詞として用いられるばかりでなく、普通の前置詞としても使われる。その場合は固有の意味「つながり」を単独で表す。どのような場合に普通の前置詞になるか？

　「つながり」や「隔たり」の性質を持つ先行語が無い場合の to は普通の前置詞として働き、固有の意味「つながり・接触・くっつき」を単独で表す。しかし、それは例外的用法である。

3.　Mexico is *to the south* of the United States.
　　メキシコは米国の南部にくっついている (*隣接している*)。

特殊前置詞 to の誕生

類は友を呼ぶ

大昔の英語には「つながり」を表す前置詞 to^{c} [1] とは別に「隔たり」を示す前置詞 tó [2] もあったが、古期英語 OE.(紀元 450 年〜 1150 年) 初期には既に to^{c} と tó は統合されて to になっていた。しかし、to^{c} と tó を廃棄せず to の中に格納して再利用している。

「つながり」や「隔たり」を表す語には**「類は友を呼ぶ＝Like attracts like.」**習性がある。To の先行語が「つながり」の性質を持つと、それが「友を呼び」同じ性質を持つ「to^{c}＝つながり」を呼び出す。それで to は「つながり」を表すと判断される。

「隔たり」を表す先行語が「友を呼ぶ」と同じ性質を持つ「tó＝隔たり」を呼び出すため、to は「隔たり」を表すと判断される。

言い換えると、to は「つながり」又は「隔たり」の性質を持つ先行語と同じ性質を持つ。To は先行語次第で性質が変わる**特殊前置詞**になっているため、相反する内容を同一語で表せる。

その一方で、「つながり」又は「隔たり」の性質を持つ先行語が無い場合は、独立して働く**普通の前置詞** to になり、固有の意味「つながり」を単独で表す。しかし、to が単独で「隔たり」も表すと混乱するため、to が単独で「隔たり」を表す用法は駆逐され、現代英語に受け継がれなかった。

特殊前置詞はほかにもある。Of や for の場合は、先行語が「隔たり」の性質を持つとそれは「類は友を呼ぶ」習性を働かせる。格助詞「に」はその後続語が「類は友を呼ぶ」習性を働かせる。

---

[1] Oxford English Dictionary から引用を断られて to^{c} という仮の表記になった。Tó についての記述もあるが、曖昧な感じがする。

[2] 古英語文字は Wikipedia 古英語「アルファベットと発音」からの借用。

Of や for も特殊前置詞になれる

Of の前に「隔たり」の性質を持つ語があると、それが「友を呼んで」同じ性質を持つ off を呼び出す。例文 1 では「分離」の性質を持つ先行語 rob が「友を呼んで」同じ性質を持つ off を呼び出している。それで、of は「off = …から」になる。

1. She was **robbed** *of* her purse. （分離の rob が off を呼び出す）

   から分離された - （何 ***から*** ？） - 財布 ***から***

   財布 ***から*** 彼女は分離された。（彼女は財布を奪われた）

For の前に「離れて前に」を表す語があると、for は「fore = before」になる。Prepare (= 準備を整える) や in order (= 準備が整って) は両方とも「離れて前に」の性質を持つ。この様な語が先行語になると for も「離れて前に= before」になる。

2. My children **prepared** *for* a picnic. （for ⇒ fore = の前に）

   準備を整えた - （何 *の前に* ？） - 遠足 *の前に*

   遠足 *の前に* 準備を整えた。

✧ Everything is **in order** *for* the departure.

   『小学館ランダムハウス英和大辞典: 1915』 [3]

   準備が整って - （何 *の前に* ？） - 出発 *の前に*

   出発の準備万端整っています.

   出発 *の前に* 準備は全て整っている。 （筆者訳）

---

[3] 小西友七、安井稔、國廣哲彌、堀内克明 編集主幹『小学館ランダムハウス英和大辞典』第 2 版 小学館 1994 年

A 先行語と同じ性質を持つ特殊前置詞 to

A-1 「つながり」が友を呼んで to° を復元

　空間的な「くっつき・張り付き」を表す adhere の後の to は「にくっつけて」になり、心理的な「縛る」を表す bind の後の to も「にくっつけて・縛る」になる。

1.　We **adhered** a poster *to* the wall.　（to ＝にくっつけて）
　　　くっつけた：（何にくっつけた？）：壁にくっつけて
　　壁*にくっつけて* ポスターを貼り付けた。

2.　We're duty-**bound** *to pay* taxes.　（to ＝に縛られて）
　　　に縛られる：（何に？）：払うこと*に縛られて*
　　税金を払うこと*にくっつけて* 義務で縛られている。

反応や感情変化は「接して後に」の性質を持つ

　反応や感情変化は刺激に「接して後に」起こる。To もその様な先行語と同じ性質を持ち、「接して後に」になる。To の後の語は「接する前」の事がらを表す。刺激は時間的前にあり、反応や感情変化はそれに触発された結果その後で起こる。例文 3, 4 は後先関係ばかりでなく、因果関係も表すため、to の後の語は原因を示すと言われる。

3.　**respond** *to* stimulus　（to ＝接して後に）（stimulus は原因）
　　刺激に反応する（刺激に接して後に反応する）

4.　He was **dismayed** *to hear* the news.　（to ＝ 接して後に）
　　彼はそのニュースを聞くことに*接して後に*がっかりした。
　　彼はそのニュースを聞いて（後に）がっかりした。
　　（「ニュースを聞く」は時間的前にあるため、原因・理由を示す ）

A-2 「隔たり」が友を呼んで t6 を復元

空間的、心理的隔たり

Close (= near = に近い、から少し離れて) は空間的な「隔たり」を表せる語である。それが「友を呼ぶ」と同じ性質を持つ (tó = at a short distance from = から少し離れて) を呼び出す。それは心理的な「近さ」も表せる (例文 2)。

1. His house is **close** *to* the gym. （to = から少し離れて）

     から少し離れて : (何 から？) : 体育館 から少し離れて

   彼の家は体育館<u>から</u>**少し離れて**いる。 （体育館 に近い）

2. She is **near/ close** *to* crying.   （to = toward = に近い）

   彼女は泣きだしそうである。（彼女の心は泣くこと<u>に**近い**</u>）

時間的隔たり

Prepare (= 準備する) は「pre- = 離れて前に」の性質を持つ。その後の to も同じ性質を持ち「pre- = before = 離れて前に」を表す。Prepare は意図的動作を表す語でもある。同じように意図的動作を表す他の語も「離れて前に」の性質を持つ。

3. They **prepared** *to go* on a picnic. (to = の前に ⇒ toward)

     準備を整えた ・(何 の*前に*？)・ 遠足に行く *前に*

   遠足に行く *前に* 準備を整えた。   （to を重視した訳）

   ((遠足に行く *ために* 準備を整えた)) （不定詞の内容重視の訳）

意図的動作

上記例文 3 のように意図的動作は目的達成のための準備行為である。Prepare の pre- のように「の前に」の看板を立てていなくても、意図的動作は時間的な「離れて前に」の性質を持つ。

To（＝前に）の後の不定詞は「後（未来）の」出来事を表す。それが「利益・ため」になる事がらである場合には、意図的動作の「目的」と解釈される。即ち、「ため」は to の後の不定詞の役割だけを説明している。To は「前に」を明らかにして役割を終える。To を大事にするか、不定詞の内容を重視するかで異なる訳文になる。(cf. 前記例文 3)

「離れて前に」の性質を持つ in order で to 不定詞の to を補強することもある。In order to はその後の不定詞が「利益・ため」になる内容を示す場合にのみ登場して、その不定詞が「目的」を表すことを強調する。

不定詞が「死ぬ」など「ため」にならない内容を示す場合に in order で to 不定詞の to を補強することは無い。その様な to 不定詞は結果を表すと解釈する。

4. The child **went** to the sweetshop ***in order*** *to buy a candy.*
   その子はお菓子を買う<u>ために</u>菓子屋へ行った。

5. He **went** to Russia *to die.* (not ˣ*in order to die*)
   ロシアへ行って亡くなった。
   (ˣ死ぬ<u>ために</u>ロシアへ行った)

未到達の方向

「方向」は「向き」と「隔たり」両方の性質を持つ。To の前に「曲がる」など空間的な「隔たり」を含意し「向き」の要素を持つ語があると、to はそれと同じ性質を持ち「の方向に」になる。To の後に方位を表す語が続くとそれは「未到達」の方向になる。

6. The trail **angles** *to* the north here. (to = toward = の方向に)
   ここで小道は北<u>の方向に</u>曲がっている。

到達可能な方向

To の前に「向ける」など空間的な「隔たり」を含意し「向き」の要素を持つ語があると、to はそれと同じ性質を持ち「の方向に」になる。To の後に地名などの名詞が続くと to は到達可能な「の方向に」になる。

7. The captain **headed** his ship *to* New York. (to = の方向に)
   船長は船をニューヨーク*の方向に*向けた。

B 普通の前置詞 to (toᶜ) や of, for

Toᶜ と tó の統合は吸収合併であった。Toᶜ が tó を吸収して to になった。吸収した方の toᶜ は勢力を持ち続けて現代英語の to の中でも生きている。「つながり」又は「隔たり」の性質を持つ先行語が無い場合の to は昔の toᶜ に戻って普通の前置詞になり、単独で「つながり・関連・接触・くっつき」を表せる。

Of や for も普通の前置詞として働くことが出来るため、to と同様に単独で「つながり・関連・接触・くっつき」を表せる。

1. Scotland is *to* the north of England.
   (to の前に「つながり/隔たり」を示す語が無い) ⇒ (接触を示す to)
   スコットランドはイングランドの北部に*隣接して*いる。

2. his story *of* the incident
   (of の前に「隔たり」を示す語が無い) ⇒ (単独で「関連」を示す of)
   その事件*に関する*彼の陳述

3. If it had not been *for* your advice, I could not have succeeded. (単独で「つながり」を示す for)
   君の助言*につながって*いなかったら、私は成功することができなかっただろう。

C 単独では「隔たり」を表せない to や of, for

「隔たり」を表す昔の tó は to の中に格納され、「隔たり」の性質を持つ先行語が「友を呼んで」同じ性質を持つ tó を呼び出す場合にのみ to は「隔たり」を表せる。従って、現代英語の to は単独で「隔たり」を表すことが出来ない。

それで、「隔たり」の性質を持たない語の直後に to 不定詞を置いてそれを修飾し、「隔たり」を表すことは不可能になった。そのため、単独で「離れて、…以外」を表す普通の前置詞 except などに不定詞の支配権を譲らざるを得ない。例文 1 で nothing の後の前置詞 but や except などを to で置き換えることは出来ない。無理に置き換えると意味不明の文になる。しかし、except などが先行語になると、to はそれと同じ性質を持ち「離れて」を表すと判断されるため to 不定詞を使うことが出来る (例文2)。

For や of も単独では「隔たり」を示すことが出来ない。「隔たり」を表す先行語の後であれば for や of は fore や off になる。(例文 3) (例文 4)。

1. She does **nothing** *but/ besides/ except grumble.*
   不平を言うことから*離れた* ことは何もやらない。
   不平を言うこと*以外*何もやらない。(不平ばかり言っている)

2. They had no **choice** *except **to** abandon* the sinking ship.
   沈没しかかった船から 退去する*以外*の選択肢はなかった。

3. **But** *for/* **except** *for* your help, I could not have succeeded.
   君の援助から*離れ*ていたら、私は成功できなかっただろう。
   (but や except が for の中にある fore = off = from を呼び出した)

4. She was **deprived** *of* her liberty. (deprive に呼び出された off)
   彼女は自由*から*分離された。(彼女は自由を奪われた)

目　次

1.「つながり」と「隔たり」

　現代英語の前置詞 to は「つながり」あるいは「隔たり」を表すが、昔は二つの前置詞で表現していた。同一語で相反する内容を表すと混乱しそうだが、それを防ぐ簡明な仕組みがあった。

1.1. 前置詞 to に統合

　紀元 450〜1150 年の古期英語時代には、前置詞の幾つかは未分化状態であった。たとえば、for と fore は区別せずに用いられ、of と off も区別せずに使われていた。ということは、off が of の意味でも用いられ、fore が for としても働いていたことになる。それでも混乱しなかったのは、「類は友を呼ぶ」習性が無意識のうちに働いて、先行語でその性質を判断していたのである。これが特殊前置詞の先駆けになった。

　現代英語の代名詞にはまだ格変化が残っているが、古期英語の頃は名詞などにも屈折語尾があった。動詞的名詞である不定詞にも格変化があり、主格や対格、与格、属格などがあった。不定詞はその後もずっと名詞の性質を持ち続けている。時代が進むと代名詞以外の格変化は消え、前置詞の数は増えた。

　「つながり」を表していた前置詞を "connection の to" ということで to^c と表記すると、それが「隔たり」を示す tó を吸収して to になった。古期英語初期までのことである。吸収した方は勢力を持ち続けて to の中で現在まで生き延びている。それは to になっても大昔の to^c であるかのように単独で「つながり」を表すことが出来る。しかし、単独で「隔たり」を示す tó の用法は駆逐され to に受け継がれなかった。

14

統合後は「類は友を呼ぶ」習性を生かして to^c や tó を細部まで復元することに成功している。To は先行語次第で性質が変わる**特殊前置詞**になり、「つながり」と「隔たり」の相反する内容を同一語で表現できるため、この用法が主流になった。しかし、「つながり」又は「隔たり」の性質を持つ先行語が無い場合は、**普通の前置詞**になり、to は単独で「つながり」を表す。

Put は「つながり・くっつき・押し付け」の性質を持つ語である。To も先行語 put と同じ性質を持つため、「くっつき」の性質を持つと判断される。

1. He **put** his ear _to_ the wall.　　(to = にくっつけて)
   壁_にくっつけて_ 彼は耳を**押し付けた**。

1.2. 先行語と同じ性質を持つ to

特殊前置詞は固有の意味を持たず、特定の先行語と同じ性質を持つようになる。それはその先行語を補完する役割を果たす。

- ➢ 「つながり」の性質を持つ先行語と同じ性質を持ち、to は「(何に)つながるか」を明らかにする。
- ➢ 「隔たり」の性質を持つ先行語と同じ性質を持ち、to は「(何からの) 隔たりか」を明らかにする。

下記例文 1 の prefer には「pre- = 離れて前に」があり、空間的な「離れて前に」の性質がある。To もそれと同じ性質を持ち「離れて前に」になる。

1. He **preferred** art _to_ business.
   離れて前に置く - (何_の前に？_) - ＜実業＞_の前に_
   芸術を実業_の前に_置いた。
   実業より芸術を優先した (を選んだ)。

15

Prefer の原義は［前に (pre-) 運ぶ (*ferre*) → 前に据える、いっそう好む］である『小学館ランダムハウス英和大辞典: 2133』。To の前の「pre- = 離れて前に」と to は同じ性質を持つ。ここでは prefer と同じ性質を持つため to は「離れて前に」を表すのであって、to 単独でその様な働きをしているわけではない。

To が単独で「離れて前に、優先」を表せるのであれば、**put** A *to* Bで「A を Bの前に置く」[4] と言える筈だがそれは無い。「くっつき」の性質を持つ put に逆らって、to が「離れて前に」を示すことはない。To は補完する役割しか果たせないのである。しかし、put でも「の前に、優先する」を表現できる。

✧ My father **puts** good health *before* (not ˣ *to*) wealth.
　　健康を置く：富から*離れて前に*（富よりも健康を優先する）

単独で「隔たり」を表す to の用法は現代英語に無い。上記参考例文✧では単独で「離れて前に」を表す普通の前置詞 before を用いて、伝えるべき内容を明確に表現している。

他の前置詞も before のように大多数は普通の前置詞として働くが、統合後の to は原則として先行語と同じ性質を持つ特殊前置詞として働く。下記例文のように to は同一語形で様ざまな内容を表すことが出来る。

2. She **attached** a label *to* a baggage.　（つながり―くっつき）
　　彼女は荷物にラベルを添付した。

3. She **belongs** *to* the tennis club.　　（つながり―所属）
　　彼女はテニスクラブに所属している。

---

[4] Put には put A *to/ before* someone（人に A を提示する）もあるが『小学館ランダムハウス英和大辞典: 2196』、to の後には人を表す名詞を置く。この put は show と同じ性質を持つ。She didn't **show** the box *to him*.

4. The log cabin is **close** *to* the pond.　（隔たりーに近い）

その丸太小屋は池の近くにある。

　例文 2 では「つながり、くっつき」の性質を持つ先行語 attach と同じ性質を持つ to は「何にくっつくか」を具体的に示してそれを補完している。例文 3 では「つながり、所属」の性質を持つ先行語 belong と同じ性質を持つ to は「クラブに所属する」ことを明らかにしてそれを補完する。例文 4 では「隔たり、近い」の性質を持つ先行語 close と同じ性質を持つ to は「池に近い」と具体的に示してそれを補完している。

　上記例文 2, 3, 4 では同じ to を用いていても、それで示される内容は全て異なる。しかし、to は「つながり/隔たり」を示す先行語と同じ性質を持つため、迷わずその意味にたどり着くことができる。単純だからこそ「to は『つながり/隔たり』を示す先行語と同じ性質を持つ」この仕組みはうまく機能することが分かる。

1.3. 普通の前置詞 to (to^c)

　「To は『つながり/隔たり』を示す先行語と同じ性質を持つ」という原則に従わずに、独立して単独で働く to もある。これは普通の前置詞の特徴である。

1. Montana is *to the south* of Canada.　（くっつきを示す to）

モンタナはカナダの南部にくっついている(*隣接している*)。

　例文 1 では to の左側に「つながり」や「隔たり」を示す語がない。ここでは統合以前の to^c が現在まで生き延びて「つながり・接触」を単独で表している。To^c 由来の to は普通の前置詞として働くことが出来るため、先行語句に頼らずに固有の意味

17

「つながり・関連・接触・くっつき」を単独で表せる。

　Of や for も普通の前置詞として働くことが出来るため、「隔たり」を示す先行語が無い場合には、やはり「つながり」を単独で表せる。

　但し、包括的に表現されている「つながり」には関連や結びつき、くっつき、結合、執着、接触、隣接、合致、同等、到達、所属、服従、代替、交換、継続などまで包含される。

2.　'She isn't young, Father.'　'*To* me, she is young.'
「父さん、彼女は若くなんかありませんよ」
「わしとの関わりでは(わしにとっては)、彼女は若いんじゃ」

3.　What are you *to* her?　彼女とどんな関わりがあるの。

✧　Life must have been terrible *for* her.　　(関連の for)
人生は彼女にとって悲惨なものだったにちがいない。

4.　They danced cheek *to* cheek.
彼らは頬を寄せ合って踊った。

5.　At last they fought hand *to* hand.　ついに白兵戦になった。

6.　Every man *to* (or *for*) his own trade.　《ことわざ》
人は皆自分の職に執着すべきである。(くっつき・執着の to と for)
(執着心のある職人の仕事は当てにできる)⇒(餅は餅屋)

7.　The village was home *to* the craftmen.
その村は職工たちの　(に属する)　本拠地であった。

8.　He couldn't reach the window *to* his cell.
彼は自分の独房に付いている窓に手が届かなかった。

✧　There is a picture *on* the wall.　(くっつき、接触を示す on)
壁に(くっついて)一枚の絵がある。

9.　He is *to* town.　　(方言)　(くっつき、接触を示す to)
彼は町に居ついている。　(町から離れずにいる)

18

10. That is all there is *to* it. 『小学館ランダムハウス英和大辞典』: 2847

そういうことなんだ. （成句）

（それに関して存在するのはそれが全てだ）(筆者訳)

11. a solution *to* the problem　その問題の (に関する) 解

12. There is an end *to* our funds.

　　『ウィズダム英和辞典　第 2 版: 590』 [5]

我々の資金(力)には限界がある.

資金に関しては限界がある。 （筆者訳）

13. He is father *to* the bride.

彼が花嫁の父親だ。(花嫁と血のつながりのある父親だ)

14. The population of the country is about fifty *to* the square kilometer.

その国の人口は 1 平方キロにつき 50 人くらいです。

✧ one fireman *for* every two thousand residents

二千人の住民につき一人の消防士　　（つながりの for）

15. The picture isn't *to* her liking.

その絵は彼女の好みに合わない。

16. They all sang *to* a tune.

彼らはみんな曲に合わせて歌った。

17. Everyone isn't born *to* wealth.

皆が裕福な家庭に(富につながって)生まれるわけではない。

✧ a man *of* wealth

富裕な男（富につながっている男）

　前置詞 to は不定詞を伴って「何につながる」か、あるいは「何に関わる」かを単独で具体的に示すことも出来る。

---

[5] 井上永幸、赤野一郎 編『ウィズダム英和辞典　第 2 版』　三省堂 2010 年

18. Two coffees *to go*, please. (to は「つながり」を単独で表す)

    (to の前に「つながり/ 隔たり」を示す語が無い)

    持ち帰りの(行くことにつながる)コーヒーを二つお願いね。

19. There is no air *to carry* sound waves in space.

    音波を伝えることにつながる(ことのできる)空気が宇宙には
    ない。

20. Do you have a family *to support*?

    扶養することにつながる家族がいるか。

    (扶養すべき家族)

21. I have nothing *to do* today.

    今日はやるべきことは何もない。

22. They still had no evidence *to support* the accusation.

    その罪状を裏付ける(ことにつながる)証拠がまだなかった。

23. I don't know whether *to go or not*.

    行くことにつながるか分からない。

    (行くべきか分からない)

24. He couldn't decide which *way to go*.

    どの道を行くか決めかねた。

25. We don't know when *to go* out.

    いつ出かけるか知らない。

26. I don't know where *to put* the vase.

    花瓶をどこに置いたらよいか分からない。

27. She didn't know what *to wear* to the formal party.

    正式のパーティーに何を着ていくべきか分からなかった。

28. You are the man *to lead* us.

    君こそ我々の指導者になるべき人だ。

    君こそ我々を導くことのできる(導くのにふさわしい)人だ。

29. We have ten days *to go* before Christmas.

クリスマスまでには（の前に）10 日ある。

過ごすことにつながる日がクリスマスまでに 10 日ある。

30. They wanted to escape the wrath *to* come.

来るべき天罰から逃れたかった。(来ることにつながっている天罰)

31. I'm not **in a position** *to say* anything about the problem.

その問題についてとやかく言える立場にありません。

32. We can't rely on/ depend on Mary *to assist* us.

我々を援助することに関してメアリーを当てにはできない。

　普通の前置詞 to (to^c) は上記の例文とは異なる形でも使われる。

33. A clown appeared on the stage, *to the delight* of the children. 『アンカーコズミカ英和辞典: 1949』 [6]

ピエロがステージに現れると、子供たちは大喜びした.

　ここでは普通の前置詞 to (to^c) が単独で「つながり、到達(結果)」を表現している。また、前置詞 to と通常名詞を文頭に置いて、結果の部分を強調することもある(例文 34)。

34. *To my great surprise*, our high school's baseball team made it to Koshien. 『アンカーコズミカ英和辞典: 1949』

とても驚いたことに,うちの高校の野球チームが甲子園に勝ち進んだ. (強調構文での to は後続語句と同じ性質を持つ)

　例文 34 は「かなり堅い」表現であるため、「次のように言う方が普通だ」として、辞典では次の例文をあげている (*ibid.*)。

---

[6] 山岸勝榮 編者代表 『アンカーコズミカ英和辞典』　学習研究社 2008 年

✧　I was **very surprised** *that* our high school's baseball team made it to Koshien. (*ibid.*)

うちの高校の野球チームが甲子園に勝ち進んでとても驚いた。

普通の前置詞 to (to^c) で想定外、驚きを表すこともある。

35. My own flesh and blood *to rebel*! <Sh., *Merch. V.* III. i. 37 > (qtd. In 『小学館ランダムハウス英和大辞典 第2版: 2847』

おれの血肉が謀反を起こす（ことにつながる）とは！（筆者訳）

1.4. 単独で「隔たり」を示す but

「隔たり・離れて」の性質を持つ先行語と同じ性質を持つ場合にのみ前置詞 to は「隔たり・離れて」を表せる。「隔たり・離れて」の性質を持たない先行語の後に不定詞を置いてそれを修飾し、「隔たり・離れて」を表すためには、単独で「隔たり・離れて、…以外」を表せる普通の前置詞 but や except などに不定詞の支配権を譲らざるを得ない。

　例文 1 で、「隔たり」の性質を持たない先行語 nothing を修飾するために、その直後に to 不定詞を置いて「隔たり・離れて」を表すことは出来ない。しかし、except や save などで不定詞を先導すれば「隔たり・離れて」を示すことが可能である。

　無理やりその直後に to 不定詞を置くと意味不明の文になる。どうしても to 不定詞を使いたいのであれば、例文 4, 5, 6 のように前置詞 but や except などの後に to 不定詞を置く。

　For も単独では「離れて」を示すことが出来ないが、for の前

に but などがあると、それと同じ性質を持ち「fore＝から離れて」になる。

Of も単独では「離れて」を示せないが、「分離」の性質を持つ先行語 rob などと同じ性質を持ち「off＝から離れて」になる。

1. She does nothing *but/ except/ besides* grumble.
   不平を言うことから離れたことは何もやらない。
   不平を言う以外なにもやらない。（不平ばかり言っている）

2. He has done nothing for us *save abandon* us. （利益の for）
   我々を見捨てた以外に我々のために何もしてくれなかった。

3. We couldn't do otherwise *than* wait for the storm to die down.
   嵐が収まるのを待つほかなかった。（不定詞の意味上の主語 for）

4. They had no choice *than* [or *but*] *to abandon* the sinking ship.
   沈没しかかった船から退去する以外の選択肢はなかった。

5. He did everything *except* (*to*) *prepare* meals for us.
   我々のために食事を用意する以外のことは何でもやった。

6. He wasted his time without duties *save to play* video games.
   テレビゲームをする以外には仕事もなく時間を無駄に過ごした。

✧ But *for/ except for* your help, I could not have succeeded.
   君の援助から離れていたら、成功できなかっただろう。
   君の援助が無かったら、私は成功できなかっただろう。
   （「離れて」の but が fore「離れて」を呼び出す）

✧ **Without** [*or* **But for,** If it had not been for] his wife and her encouragement, he could not have succeeded.

『小学館ランダムハウス英和大辞典: 3131』
妻とその励ましがなかったら彼は成功しなかっただろう.

✧　She was **robbed** *of* her purse.　（分離の rob が off を呼ぶ）

彼女は財布*から*分離された。（彼女は財布を奪われた）

✧　They **cured** her *of* a disease.（分離の動詞 cure が off を呼ぶ）

彼女を病気から分離した。（病気を治した）

　"cannot but do" は "cannot [do anything] but do" である。
(Curme *Syntax*：479) [7]

7.　I cannot [do anything] *but sympathize* with their plight.

彼らの窮状に同情する以外何もできない。

（彼らの窮状に同情することから離れたことは何もできない）

---

[7] Curme, George O. *Syntax* Maruzen Asian Edition 第 3 版 Boston: D. C. Heath; Tokyo: Maruzen, 昭和 53 年.

2.「つながり」

「つながり」には時間的なものと空間的なものがある。それは質的、心理的な「つながり」へも発展する。それには関連や結びつき、制限、結合、くっつき、執着、接触、接続、合致、同等、到達、所属、従属、代替、交換、継続なども包含される。

2.1. 空間的、心理的「つながり」

空間的な「つながり」は「関連」や「接触」、「接続」、「到達」にも発展するが、「つなげる」から「縛る」「固定する」にもなる。「縛る」は「制限する」にもなった。さらに、心理的な「束縛」や社会的な締め付けである「義務」や「約束」にもなり、天命による「束縛、運命」などへも転義した。

「つながり」が発展して様ざまな内容を表すようになっても、それと同じ性質を持つ to は具体的に（どのようなもの、事がら）「につながるか」を明らかにする。(to = with = つながり)

1. My computer isn't **connected** *to* the Internet.
   私のコンピュータはインターネットに接続されていない。

2. The library is **adjacent** *to* the park.
   その図書館は公園に隣接している。

3. a custom **unique/ peculiar** *to* Japan 日本特有の習慣

4. His lecture **related** *to* radioactive contamination.
   彼の講演は放射能汚染に関するものだった。

5. a document **relative** *to* the matter その件に関する文書

6. You must not interfere in matters which do not **belong** *to* you.

君と関係のない事がらにおせっかいを焼いてはいけない。

7. The desire for being the center of attention is not always **common** *to* young people. （求めての for）
   目立ちたがるのは必ずしも若者に共通する願望ではない。

8. We inquired at the station **with respect** *to* a route.
   駅でルートに関して（について）尋ねた。

9. We should be always careful **with regard** *to* our diet.
   飲食物に関してはいつも注意すべきである。

10. The information is **relevant/ irrelevant** *to* this matter.
    その情報はこの問題と関連がある／ない。

11. We have some documents **referring/ with reference** *to* the case.
    その事件に関する文書がいくつかある。

12. She **alluded** *to* my poverty.
    彼女は私の貧しさにそれとなく触れた。

13. He **put** his success (down) *to* good luck.
    成功を幸運に結び付けた。(自分の成功を幸運のせいにした)

14. He **changed** *to* the express train.
    彼は急行列車に乗り換えた (乗り継いだ)。

✧ **change** a dollar bill *for* ten dimes
   1 ドル紙幣を 10 個の 10 セント硬貨に交換する (交換の for)

15. His death was **attributable** *to* overwork.
    彼が死んだのは働き過ぎが原因であった。

16. **He ascribed** his success *to* good luck.
    成功を運が良かったせいにした。(成功を幸運に結び付けた)

17. She is **chained** *to* her desk.
    彼女は机に縛られている。(机に噛り付いている)

26

18. We have strong evidence **linking** the man *to* (or *with*) the crime.

その男をその犯罪に結びつける有力な証拠がある。

19. **Bind** the prisoner *to* the tree. 囚人を木に縛っておけ。

20. He **tied** the cow *to* the fence. 彼は牛を柵に繋いだ。

21. **fasten** a rope *to* a pole 綱をポールに結びつける

22. We **adhered** a poster/ **applied** paint *to* the wall.

壁にポスターを貼り付けた／壁にペンキを塗りつけた。

23. Science is not **applicable** *to* everything.

科学は何にでも適用されるわけではない。

24. I **appended** a label *to* my suitcase.

自分のスーツケースにラベルをつけた。

25. We **fixed** the table *to* the floor.

床にテーブルを据え付けた。

26. A new bridge **joined** the island *to* the mainland.

新しい橋で島を本土につないだ。

27. Five **added** *to* seven make(s) twelve.

5 が 7 に加えられると 12 になる。

28. We must **limit** salt intake *to* less than 6 grams a day.

塩分摂取量を一日当たり 6g 以下に制限すべきである。

29. A hypertensive patient is **restricted** *to* a low-salt diet.

高血圧症患者は食事を塩分の少ないものに制限される。

30. A cold **confined** him *to* bed.彼は風邪で寝たきりになった。

31. The mud **stuck** *to* the tires on my car.

泥が車のタイヤにくっついた。

32. My father **married** my sister *to* his friend's son.

父は妹を彼の友人の息子に嫁がせた。

33. Bad luck **doomed** his plan *to* failure.

不運にも彼の計画は失敗に終わる定めになっていた。

（悪運が彼の計画を失敗することに縛り付けた）

34. The project was **destined/ fated** *to* failure.

そのプロジェクトは失敗する定めになっていた。

✧ The meeting is **arranged** *for* next Wednesday.

その会合は水曜日に決まっている。 （固定の for）

35. She **pledged** herself *to* silence.

彼女は沈黙を守ると誓った。（自分自身を沈黙に縛り付けた）

「つながり」を表す先行語と同じ性質を持つ前置詞 to は不定詞を従えることもできる。抽象的な表現「確実な、きっと」は「縛り付けられている＝ destined, bound」を表し、やはり to はそれと同じ性質を持つ。

36. The sea level has **continued** *to rise* since 1932.

海面は 1932 年以来上昇し続けている。（成り行き）

✧ He **continued** *smoking*. （同時進行で未完了を示す …ing）

タバコを吸うことにつながり続けた。

（タバコを吸い続けた）（意図的）

37. Smokers are **liable** *to pay* (or *for*) the tax on tobacco.

喫煙者はタバコ税を払わねばならない。

（税を払うことに縛り付けられている）（縛り付けの to と for）

38. He is **bound** *to buy back* the farm placed under distraint.

彼は差し押さえられた農場を買い戻す決心をしている。

（彼の心は農場を買い戻すことに縛り付けられている）

39. She's **bound** *to get* fat soon with overeating.

食べ過ぎできっと彼女はすぐに太るよ。

40. He is **sure** *to succeed.*

彼はきっと成功する。（成功することに縛り付けられている）

41. He is **certain** *to win.*

彼はきっと勝つ。

42. She **was bound** *to die* young.

彼女は若くして死ぬ運命にあった。

43. His plan was **doomed** *to fail* [*to* failure].

彼の計画は失敗する定めになっていた。

44. He was **destined/ predestined/ fated** *to be* a minister.

彼は聖職につくように運命づけられていた。

45. Man was **ordained** by fate *to suffer.*

人間は苦しみに耐えるべきものと運命づけられた。

46. The project was **preordained** *to fail.*

その計画は失敗する定めになっていた。

47. Human beings are **hard-wired** *to be* suspicious of a stranger.

人間は見知らぬ人を疑うことに堅く縛り付けられている。

（…疑うように生まれついている）

48. We are **tied** *to go* (or *going*).

行かなければならない。

49. We are **obliged** *to pay* taxes.

税金を納めなければならない。

50. You are **liable** *to pay* a fine.

君は罰金を払わなければならない。

（縛り付けられている）

51. You are under no **obligation** *to answer* our questions.

我々の質問に答える義務はありません。

52. Am I **meant** [*or* **expected, supposed**] *to go*?

『小学館ランダムハウス英和大辞典: 1677』

私が行かねばなりませんか.《話》《英》

53. He **pledged** his honor *not to cheat* in the examination.

試験で不正をしないことに彼は自分の名誉を縛り付けた。

試験で不正はしないと彼は名誉にかけて誓った。

54. a **pledge** *to keep* a secret

秘密を守るという約束（秘密を守ることに縛り付けるもの）

55. He **engaged** himself *to help* us.

手伝ってくれると約束した。

56. He **committed** himself *to pay back* the debt he owed.

彼は自分の借金を返すと約束した。

57. He has an **appointment** *to see* the president.

社長に会う約束がある。

58. I forgot my **promise** *to tidy* your room.

あなたの部屋を掃除するとの約束を忘れた。

59. You should **promise** *to respect* the will of the people.

あなたは民意を尊重すると約束すべきだ。

60. He **undertook** *to pay back* the debt by Monday.

月曜までには借金を返すと約束した。

61. She **was determined** *to accept* the offer.

申し出を受けることに縛り付けられた（受けると決心した）。

62. They **decided** *to go* abroad.

外国へ行こうと決心した。

✧　　They **decided** *on going* abroad.　（固着を示す on）

外国へ行こうと決心した。（外国へ行くことに心を縛り付けた）

2.2. 有限変動の到達点

　有限変動とは「到達点」が内在する変化や移動のことである。地球の地殻変動は半永久的に続くため、その変動の到達点を示すことは出来ない。それに対し、船舶の航海などは有限移動である。

　「変化」や「移動」、「上昇」、「下降」、「伸長」、「拡大」、「縮小」など有限的な移り変わりを表す語には「到達する」性質がある。それが「友を呼ぶ」と同じ性質を持つ「to^c = as far as to = …まで」を呼び出す。

　その際 from A to Z にして「起点から到達点まで」両方を明らかにすることも出来るが、to Z にして到達点だけを表す場合も多い。従って、「as far as = …まで」で to を補強して、変化・移動の到達点であることを強調することが出来る。To を補強すると先行語を補強することにもなるため、例文 1 では先行語 go も補強してそれが変動・到達の性質を持つことを示す。

1.　I won't **go** *so far as to call* him a traitor.
　　彼を売国奴呼ばわりすることまではしない。

2.　Mandela **rose** *from* a prisoner *to* the president of the Republic of South Africa.
　　マンデラは囚人から南ア共和国の大統領にまでなった。

3.　The situation **changed** *from* bad *to* worse.
　　事態はますます悪化した。

✧　Where do you **come** *from*? = Where are you *from*?
　　どこの出身ですか。『アンカーコズミカ英和辞典: 741』

✧　Where did you **come** *from*? (*ibid.*)
　　(直前にいた場所を聞く文)

31

4. **shift** *to* high speed　高速に切り替える

5. Tom has **converted** *to* Hinduism.ヒンズー教に改宗した。

6. A sequoia can **grow** *to* more than 100 meters.
   セコイアは 100 メートル以上にも成長可能である。

7. My grandfather **lived** *to* a great age.
   祖父は長生きした。（高齢になるまで生き延びた）

8. In July the sea water temperature **climbed/ rose** *to* 31° C.
   7 月には海水温が 31° C まで上昇した。

9. The accuracy of our measurements **increased/ decreased**
   to 97%.　　測定の正確度は 97%まで向上した／低下した。

10. He **declined** in weight *from* 100 kg *to* 70 kg.
    彼の体重は 100 kg から 70 kg まで減った。

11. His followers **dwindled** *to* five. 信奉者は 5 人に減った。

12. made the **transition** *from* tyranny *to* democracy
    暴政から民主政治に移行した

13. She finished doing the dishes and **went on** *to* her home-
    work.
    彼女は皿洗いを終えてさらに宿題に移行した。(継続の on)

　有限的な伸張や拡大、変化を示す先行語に内在する「到達」と
同じ性質を持つ前置詞 to は不定詞を従えることも出来る。

14. He **rose** *from* office boy *to be* the president of the company.
    彼は雑用係からその会社の社長になるところまで出世した。

15. A whale shark can **grow** *to be* 45 feet.
    ジンベイザメは成長して 45 ft.になることも可能である。

16. She couldn't **live** *to see* her children grow up (*not* ×
    growing).

子供たちが成人したのを見るまで生き延びられなかった。

17. The tsunami waves **expanded** *to cover* hundreds of square miles.
津波は何百平方マイルも覆いつくすところまで広がった。

18. After she finished with the novel, she **went on** *to read* the letter. 彼女は小説を読み終えると手紙を読みにかかった。

19. She **has grown** *to love* a child that she must return to its biological parents.
生みの親に返さなければならない子供を愛するところまで彼女の心は変化した。(彼女は子供を愛するまでになった)

　自然の成り行きを表す go や come は意志と関わりのない変化を示す。同様に happen や chance も自然の成り行きを表せる。変化の始まりを示す begin や start もある。それにも到達点がある。

20. He **came** *to understand* it.
彼はそれを理解するところまで(心理的に)変化した。
彼はそれを理解できるようになった。

21. A good idea **occurred/ came** *to* her.
良い考えが何とはなしに彼女にやって来た。
その時ふとよい考えが彼女の頭に浮かんだ。

22. I **chanced** *to see* him.
出会うところまで何となく行き着いた。(偶然彼に会った)

23. He **commenced/ began** *to do* [or *doing*] the dishes.
彼は皿洗いに取り掛かった。(意図的)

24. It **began/ started** *to rain*. 雨が降るところまで変化した。
(雨になった／雨が降り出した)　(成り行き)

33

25. My father **happened** *to be* home when the burglar set off alarm.

    泥棒が警報を作動させた時、たまたま父が家にいた。

「到達する」を表せる get に否定を示す接頭辞 for- をつけて forget にすると「到達しない」になるが、fail もそれを表せる。

26. The fox **managed** *to escape* from death.

    狐は何とか死から逃がれることに成功した。

    狐は何とか死から逃がれるところまで到達した。

27. I couldn't **get** *to* the top of the mountain.

    山の頂上に到達することはできなかった。

28. She **forgot** *to close* the window.

    彼女(の心)は窓を閉めるところまで到達しなかった。

    彼女は窓を閉め忘れた。

29. He **failed** *to pass* the entrance examination.

    入学試験に合格するところまで到達しなかった。(失敗した)

30. I was disappointed by his **failure** *to keep* his promise.　彼が約束を守ってくれなくて失望した。

Get も成り行きを表せる。

31. Many people **got** *to know* the philosopher.

    多くの人がその哲学者を知るようになった。

2.2.1. 有限的度合いの広がり

　量的なあるいは度合いの「広がり」や「継続性」が有限的である場合も「限界、到達点」がある。「広がり」や「継続性」を含意する語句は変動を直接示すわけではなく含意しているだけ

であるため、その「上限、到達点」を to 不定詞で示す場合には少し工夫するようになった。

　工夫の跡が、副詞 so (= それほど) や副詞 enough (= …ほど十分) を置いて、「広がり」を強調することに現れている。さらに as と連携させ (so...as to) にして to を補強することも出来る。これで「小さい」や「良い」などにも「広がり」があり「限界、到達点」があることを伝えられる。また、間に名詞を置いた (such...as to) にしても to を補強できる (例文 5)。

1. The stars on the Milky Way are **so small as** *to be* uncountable.
   天の川の星は数えられないほどに小さいものである。

2. He was **so kind/ good as** [= **kind/ good enough**] *to help* me.
   手伝ってくれるほど親切だった。(親切にも手伝ってくれた)

3. They are **generous/ honest** *to* a fault.
   欠点といってよいほど寛大である／正直である。

4. He had the **goodness/ kindness** *to lend* me his car.
   親切にも車を貸してくれた。
   (貸すほどの良さがあった)

5. She is not **such a fool as** *to make* a mistake in a simple calculation like this.
   こんな簡単な計算を間違えるほど愚かではありません。

6. Our measurement is **accurate** *to* a millisecond.
   我々の測定は千分の一秒まで正確だ。

7. She is always **punctual** *to* a minute.
   いつも分単位まで時間を厳守する。

8. His story is **true** *to* a certain extent/ *to* some extent.
   彼の話はある程度まで本当だ。

但し、*to* a certain extent や *to* some extent は限界を表すことがそれだけで伝わる。そこで、「広がり」を感じさせない語句にも対応できる。

9. Fish are *to some extent* contaminated with chemicals in this part of the sea.
   この海域では魚類はある程度化学物質で汚染されている。

実生活では制限なしの完全な自由などあり得ず、制限付きの自由が当然だと認められている。そこで、degree of freedom(自由度)という用語が示すように、自由の度合いが問題になる。それを明らかにする場合その下限を from で示して、少なくとも「…からは」解放されていることを明らかにする方法がある。

✧ We want to be **free** *from* the military rule.
   我々は軍の統制から解放されたい。

どこまで解放されるかを示すために、to 不定詞でその「上限、到達点」を明らかにすることが出来る。

10. You are **free** *to spend* all the money.
    お金を全部使うところまでは制約がない。(自由に使える)

11. We weren't given the **freedom** *to go* along the street by car that day.
    その日は大通りを車で自由に通れなかった。

12. We aren't **at liberty** *to do* what we like in this country.
    この国では自由に好きなことを出来はしない。

13. You're perfectly **welcome** *to drink* it.
    自由にそれをお飲み下さい。

36

英和辞典では freedom を「特権; 使用権; 出入り[入手の] 自由」と説明し、権利と自由を同格に扱っている『ウィズダム英和辞典: 723』。権利とは「ある物事を自由に自分の意志で行い得る資格」「法律上の能力」である『学研国語大辞典: 616』 8。

14. the **right** *to express* opinions
    自説を表明する (ところまでの) 権利

15. **right** *to* education
    教育を受ける (ところまでの) 権利

16. An office worker has no **authority** *to arrest* lawbreakers.
    事務員に法律違反者を逮捕する権限はない。

17. We are **entitled** *to receive* a free education.
    無償で教育を受ける権利がある。

18. They had the **option** *to buy* the company.
    その会社の買収を選択する権利があった。

理論的に space などは無限の広がりを持つが、「広がり」の世俗的限界を to 不定詞で示せる。

19. They didn't have the **courage** *to stand up* to the tyrant.
    暴君に立ち向かう(ところまで到達する) 勇気がなかった。

20. The child no longer had the **energy** *to rise* from his bed.
    もうベッドから起き上がるほどのエネルギーもなかった。

21. They have lost the **power** *to see* in the dark.
    暗闇でも物が見える能力は失ってしまった。

22. I was **powerless/ helpless** *to stop* the boys abusing a girl.
    少年たちが小女をいじめるのを止めさせる力がなかった。

---

8 金田一春彦、池田弥三郎編『学研国語大辞典』初版 学習研究社　昭和 54 年

23. They don't have the **capacity** *to understand* the theory of relativity.

　彼らには相対性理論を理解するほどの知的能力はない。

24. He doesn't have the **leadership** *to launch* wide social reforms.

　広範囲にわたる社会改革を始めるほどの指導力はない。

25. We had the **patience** and **stamina** *to outdo* the opponent.

　我々には相手に勝るほどの忍耐力とスタミナがあった。

26. She had the **sense** *to act* on my advice.

　彼女には私の忠告に従うほどの分別があった。

27. They don't have the **backbone** *to redress* injustice to those people.

　これらの人々に対する不公正を正すほどの気骨はない。

28. We have no **space** *to keep* all our books.

　蔵書を全て保管しておくほどのスペースはない。

29. There is not **room** *to swing* a cat.

　猫を振り回すほどの余地もない。（全く狭苦しい）

30. Workers who have promising ideas are given the **resources** *to test* them.

　期待できるアイディアを持っている労働者にはそれを試してみるだけの資金が与えられる。

31. I don't have the **means** *to buy* a new house.

　新しい家を買うほどの資力はない。

　また、so as to (= in such a way as to) の形でも用いられる。

32. **speed** a train **so as** *to save* as much fuel as possible

　『小学館ランダムハウス英和大辞典: 2605』

　燃料をできるだけ節約するような速度で列車を走らせる

38

広がりや度合いの「終点、到達点」を明らかにすると目的や結果の表現に結びつきやすい。

33. The room was **cold** *to* shivering.
    部屋は震えるほど寒かった。(寒くてその結果震えた)

その様な変化が so as to にも起こって目的や結果を強調する場合にも使えるが、目的は in order to で強調することが多い。

34. He **hurried so as** *to be* in time for the meeting.
    会議に間に合わせるために彼は急いだ。(目的の for)

35. She **walked silently so as not** *to wake* her napping son.
    うたた寝している息子を起こさないように静かに歩いた。

さらに、so ... as to にしても同様に働ける。

36. He was **so** good **as** *to take* us to the bus stop.
    私たちをバス停まで案内するほど親切であった。(度合い)
    彼は親切にも私たちをバス停まで案内してくれた。(結　果)

2.3.a. 有限変動させる（1）

　主語自身が変化、移動するのではなく、他のものを有限的に変化、移動させることを表す語も多い。先行語の「限界、到達点」と同じ性質を持つ to は「どこまで変化、移動させるか」を具体的に示し、(to = as far as to = …まで) になる。

1. We are going to **extend** help *to* those people.
    救助の手をこれらの人々まで差し伸べるつもりだ。

2. We **stretched/ extended** the wire *to* the barn.
    納屋まで針金を伸ばした。

3. You can **expand** 128 MB memory *to* 256 MB.
   128メガバイトのメモリーを256メガバイトまで拡張できる。

4. She wants to **reduce** her weight *to* 50 kg.
   彼女は体重を50 kgまで減らしたい。

5. A locomotive engine **converts** steam *to* power.
   機関車は蒸気を動力に変える。

6. An old man **led** us *to* the guest room.
   老人が私たちを客室に案内してくれた。

7. She **took** her son *to* the bus stop.
   彼女は息子をバス停まで連れて行った。

8. The dog **guided** us *to* the town. 我々を町まで導いてくれた。

9. A coincidental happening **clued** me *to* the solution of this case.　偶然の出来事が私をこの事件の解決に導いた。

10. A pipe **transmits** freshwater *to* the small island.
    パイプで淡水をその小島まで送り届ける。

11. We **import** rare metals *to* our country.
    希少金属を我が国に輸入する。

　「(損害など)をこうむる、受ける」を意味する suffer は受動的に働くが、その原義は［下で (suf-)、運ぶ、耐え忍ぶ (ferre)］だと言う『小学館ランダムハウス英和大辞典：2709』。［下で (suf- や sub-)］は下位 (受動) を伝え得る接頭辞であるため、suffer は本来「受動的に運ぶ」＝「運び込まれる」を表す語である (cf. 2.7.)。

12. **suffer** injuries *to* one's eyes
    目に傷を受ける（目に傷を運び込まれる）

✧ **suffer** damage *from* the earthquake
   地震が原因でダメージを受ける

To は不定詞を伴って変動の到達点を具体的に示すことが出来る。その to は結果の表現に結びつきやすい。

13. His failure to find evidence to support it **decreased** his confidence *to give* up the research.
   裏付ける証拠を発見できないことがその研究をあきらめるところまで彼の自信を減退させた。(裏付ける証拠を発見できずに自信は減退しその研究を諦めた)

14. **extended** my tour *to include* Las Vegas
   ラスベガスを含めるところまで旅程を延ばした

15. We **expanded** the scope of our research *to include* Inca civilization.
   インカ文明を含めるところまで研究の範囲を広げた。

16. Pure chance **led** him *to come into* the cave.
   全くの偶然で彼はその洞窟の中へ入り込んだ。

17. Though he is in straits, I cannot **bring** myself *to help* him out. 彼は困っているが、助けてやる気にはなれない。

18. **pushed/ prodded/ pressed** her son *to do* dull work
   息子をつついて退屈な仕事をさせた

19. He **put** his son *to* mind the cows. 息子に牛の番をさせた。

20. We must **get** her *to help* us.
   彼女を説得して助けてもらわなければならない。

無生物が主語になって他のものを有限的に変動させる場合、それは原因・理由を表すと解釈されることが多い。

21. Hunger **forced/ compelled/ impelled/ drove** him *to steal*.
   ひもじさが彼を盗むところまで追いやった。
   ひもじいので彼は盗みを働いた。

41

22. What **prompted/ motivated/ stimulated/ incited/ prodded/ inspired** them *to do* so?

どうして彼らはそんなことをしたのだろうか。

23. What **influenced/ affected/ stirred/ moved** them *to do* such a thing?

どうして彼らはそんなことをする気になったの。

24. Her speech **inspired** them *to rise* against the oppressor.

彼女の演説で奮い立ち彼らは圧政者に対して立ち上がった。

25. His disgusting behavior **provoked/ incited/ stimulated** Jane *to slap* him.

彼のむかつく態度に怒ってジェーンは彼をひっぱたいた。

26. Praise **stimulated/ excited** her *to work* hard.

彼女は褒められてよく働いた。

27. Her remarks **caused/ occasioned** me *to get* angry.

彼女の言葉に (が原因で) 私はかっとなった。

28. Nothing shall **persuade/ induce** me *to do* such a thing.

何があっても私は絶対そんなことはしない。

　有限的に移動させることを表す set などと同じ性質を持つ to が通常の名詞や不定詞を従えて移動の「限界、到達点」を示すことも出来る。

29. The book was **delivered** *to* this address.

その本はこの住所に届けられた。

30. She **handed** the book *to* me. その本を私に手渡した。

31. All of the data is **relayed** *to* the data center.

全てのデータはデータセンターに中継される。

32. We **set** ourselves *to* our regular lessons.

我々はいつもの学習に取り掛かった。

33. **Set** a thief *to catch* a thief. (Prov.)

泥棒に泥棒を捕まえさせろ。

(泥棒を捕まえるところまで泥棒の心を移動させろ)

　他動詞 get は「…に移動させる」を表せる。また、have にも「…に移動させる」の用法がある。

34. We **got** them *to* the airport in a short time.

彼らをすぐに空港まで連れて行った。

✧ **Have** the document there [here]. 『アンカーコズミカ英和辞典: 850』

この書類をそこへ持っていって [ここへ持ってきて]くれ.

35. The baby was **had** *to* bed.　(昔の用法)

赤ちゃんはベッドに連れて行かれた。

　Have には to 不定詞で到達点を示すこともあった。現在は to なしの不定詞を用いるが、用例は少ない。

36. **Have** him *clean* the room.　『アンカーコズミカ英和辞典: 849』

彼に部屋を掃除させなさい. [してもらいなさい]

37. We can **get** him *to do* anything we want.

我々が望むことは何でも彼にさせることができる。

38. I tried to **get** the engine *to start*.

エンジンを始動させようとした。

　土で瓦を「作る」などは「土から瓦への変換」作業である。それで make は「変動させる」も表せる。

39. **Make** him *repair* the car.

車を修理するところまで彼（の心）を移動させなさい。

40. He was **made** *to repair* the car.

彼はその車を修理させられた。

Cause も「…に移動させる」を表せる語で bring や lead と同じように用いることが出来る。現在は無生物を主語にした場合に多用され、原因・理由を表すと解釈される。また、possess は have と同義になれるため、「移動させる」も表せる。

41. The earthquake **caused/ brought** considerable damage *to* the town. 地震は町に相当の損害をもたらした。

42. What **caused/ brought/ possessed** you *to act* so strangely? 何故そんなに変なことをしたのですか。

但し、coerce や entice に対しては into＋名詞、又は into …ing になることが多いが、to 不定詞も使える。

✧ A gang leader **coerced/ blackmailed/ enticed** the president *into* signing the document. 暴力団組長が社長を強制/恐喝/そそのかして書類に署名させた。

43. A gang leader **coerced/ enticed** the boy *to commit* a bank robbery. 少年を強制/そそのかして銀行強盗をやらせた。

身分、役割の変更にも到達点がある。それと同じ性質を持つ to は変更後の新しい地位、任務を示す。

44. We **elected/ chose/ selected** him *to represent* us. 我々は彼を代表者に選んだ。

45. She has been **delegated** *to represent* our company. 彼女は会社を代表することを委任された。

46. He was **appointed** *to catch* all the rats in Harmelin. ハーメルンの全部の鼠を捕まえる仕事に任じられた。

47. They were **assigned** *to guard* the camp. 彼らを野営地の警備に就かせた。

2.3.b. 有限変動させる (2)

　授与動詞と共に用いられる与格（間接目的語）は空間的に移動する物の終点・到達点を具体的に示す。（代）名詞の与格は参考例文✧の me のように単独で到達点を示す。それを to で補強すると、授与動詞に内在する「到達点」と to は同じ性質を持ち、到達点であることを一層明確に示すことが出来る。

　「…まで移動させる」を表す代表的な動詞は give である。前置詞 to + 名詞はその到達点を示すが、to は与格不定詞を従えることもある。到達点を示すこの与格を「つながりの与格 = Dative of Connection」と呼ぶことにする。

　ここでは到達させてそこに定着させることを示す例文を取り上げる。昔は空間的な移動の到達点を示す場合に till + 名詞も用いた。

✧　She **gave** a bonnet *till* her daughter.　（昔の用法）
　　彼女は娘に帽子を与えた。（娘まで帽子を到達させた）

1.　He **gave** a bicycle *to me*.　自転車を私にくれた。

✧　He **gave** *me* a bicycle.
　　自転車を私にくれた。（与格 me だけで到達点を示す）

2.　He **gave** [or **dedicated, devoted**] himself *to* cancer research.　彼は癌の研究に没頭した。
　　(癌の研究まで自分を移動させ定着させた)

3.　The furniture **lends** elegance *to* the room.
　　『ランダムハウス英和大辞典: 1544』
　　家具がその部屋を上品なものにしている.

4.　We **contributed** our mite *to* a charity.
　　慈善団体に少額ながら寄付した。

45

5. He **addicted** himself *to* drugs.

   (He was **addicted** *to* drugs.)

   彼は麻薬におぼれた。

6. She **fed** chicken *to* the dog. 彼女は犬に鶏肉をやった。

7. She **served** coffee *to* us.

   = She **served** us coffee.

   私たちにコーヒーを出してくれた。

「しつける」なども有限変動させて到達したところに定着させること、定着させてそこから後戻りさせないことを表す。

8. She has **given** herself *to find* a cure for cancer. (分離の for)
   彼女は癌の治療薬を見つけることに没頭した。(昔の用法)

9. I was **given** *to understand* that a typhoon was about to come.　私は台風が来そうだと思いこんでいた。
   (心は台風が来そうだと思うところまで移動させられた)

10. They were **brought up** *to respect* the rights of others.
    他人の権利を尊重するようにしつけられた。

11. We were **bred** *to be* fair to everyone.
    だれにでも公平な態度で接するように育てられた。

12. My uncle **taught** me *to play* the piano beautifully.
    叔父に教わってピアノが上手に弾けるようになった。

✧ **Tell** [×**Teach**] me your name.
   あなたの名前を教えて下さい。 (明日は忘れてもよい)

13. I **trained/ educated** my dog *to jump* through a hoop.
    私は犬を訓練して輪をくぐって跳べるようにした。

14. We **conditioned** the cows *to come* into the stable in the evening. 夕方には小屋に入るように牛をしつけた。

2.3.1. 有限変動させるもの

　名詞や「前置詞＋名詞」で有限的に変化、移動させて到達させることを表し、前置詞 to が通常の名詞や不定詞を従えてその「限界、到達点」を明らかにする用法もある。

1. We have no **clue/ hint/ key** *to* the solution.
   解決に到達させるもの（手がかり／ヒント／カギ）がない。

2. We have found the **clue/ hint/ key** *to unlock* the mystery.
   謎を解くことに到達させるもの（手がかりなど）を見つけた。

3. You have no **cause** *to complain.* 不平を言う理由がない。

4. We have no **reason** *not to believe* it.
   それを信じない理由はない。

5. I have no **grounds** *to consider* him a coward.
   彼を臆病者だとみなす理由がない。

6. A bright future became a **stimulus** for him *to work* harder.
   明るい未来のあることが刺激になって懸命に勉強した。

7. There was little **inducement** for the boy *to study* hard.
   少年を一生懸命勉強させる誘因はほとんどなかった。

8. She was **under constraint/ under pressure** *to tell* him the story.　　彼女は強制されて彼にその話をした。

✧ What was her **motive/ motivation/ incentive** *for* killing (or *to kill*) him?　（to と同じように限界を表す for）
彼を殺すところまで動かしたもの（動機・誘因）は何だったのか。

2.3.2.「…に届ける」

　自動詞や形容詞、名詞の場合は授与動詞と同類の語であっても、目的語を持てないためそれを内包してしまい単に「…に届ける」だけの文型になる。この文型になっても、やはりそれは「到達点」を持つ。それと同じ性質を持つ to は「到達」を示す。

　他動詞 appeal は「(…を) (〜に) 移す」のように「移動させて到達させる」を表す語である。

✧　They **appealed** the case *to* a higher court.
　　事件を上訴した。(事件を上級裁判所に移した)

　その appeal が自動詞として用いられると目的語は持てないため(嘆願、要求や魅力、政策、事件などを)「(人)に届ける」の意味で用いられる。それに内包される「到達点」と同じ性質を持つ前置詞 to は名詞を従えて「到達するもの」を具体的に示す。

1.　The sweet melody from the piano **appeals** *to* me.
　　ピアノの甘い調べが私の好みにあう。
　　(ピアノの甘い調べが私に心地よさを届ける)

2.　His diligence **contributed** *to* his success.
　　勤勉さのおかげで成功した。(勤勉さが彼の成功に寄与した)

3.　many **contributions** *to* the Red Cross
　　赤十字に届いたたくさんの寄付

4.　Overeating doesn't **conduce**／isn't **conducive** *to* long life.
　　食べ過ぎは長生きにつながらない。

5.　Some insects are **beneficial** *to* farmers.
　　農家に有益な昆虫もいる。(農家に利益をもたらす昆虫もいる)

6.　The terms of the treaty aren't **favourable** *to* our country.

条約のその条項は我が国に有利にはなっていない。

7. Will this plan be **advantageous** *to* our country?
   この計画は我が国に有益だろうか。

8. His book was **of use/ useful/ helpful** *to* tourists.
   彼の本は旅行者に有益だった。（旅行者に利益をもたらした）

9. The bicycle was **useless** *to* her. 自転車は有益ではなかった。

10. The new apparatus will be **of** great **service** *to* medical science. その新機器は医学の発展に大いに役立つでしょう。

　動詞 import 「運び込む」を受け継ぎ、形容詞 important は「に大きな利得をもたらす＝ に重要である」として用いられる。

11. **important** *to* everyday life　日々の暮らしに重要である
    （日々の暮らしに大きな利得をもたらす）

12. The weather is a matter **of consequence** *to* the tourist, but **of real importance** *to* the farmer.
    『小学館ランダムハウス英和大辞典: 1347』
    天気は旅行者にとってゆるがせにできない問題であるが，農民にとっては切実な問題である.

13. Money always **matters** *to* him more than the dignity of man. 彼にはいつでも人間の尊厳よりお金が重要だ。

14. The economic development of our country is **crucial/ critical** *to* our future.
    我が国の経済発展は我々の将来にとって非常に重要である。

15. Modrate exercise and enough sleep are **central** *to* good health.　適度な運動と十分な睡眠は健康に重要である。

16. This treaty is **of great significance** *to* the promotion of nuclear abolition.

この条約は核廃絶の促進に非常に重要である。

　利得ではなく感動や興味をもたらす場合も前置詞 to ＋ 名詞でその到達点を明らかにすることが出来る。たとえば、動詞 (please ＝ 喜ばせる) を引き継いで形容詞の pleasing は「…に喜びを届ける」、名詞の pleasure は「…に喜びを届けるもの」として用いられる。

17. The sound of spring rain was **pleasing** *to* the ear.
　　春雨の音は耳に心地よかった。（春雨の音は耳に喜びを届けた）

18. The sight was very **pleasant** *to* the eye.
　　その光景は目を楽しませた。

19. Reading is a great **pleasure** *to* her.
　　読書は彼女の一番の楽しみである。（彼女に喜びを届けるもの）

20. His new literary work is very **appealing** *to* young people.
　　彼の新しい文学作品は若者を魅了している。（若者の心に訴える）

21. The lady was **attractive** *to* young men.
　　夫人は若い男たちを魅了した。（若い男達に魅力を届けていた）

22. This movie will be **interesting** *to* the fair sex.
　　この映画は女性を魅了するだろう。（女性に関心をもたせる…）

23. The flower is **beautiful** *to* the eye.
　　その花は見た目に美しい。（目に喜びを届ける）

24. It was **astonishing/ amazing** *to* everyone that she swam across the Channel.
　　ドーバー海峡を泳いで渡ったことはみんなを驚かせた。

　危害や苦痛などをもたらす場合も同様に前置詞 to でその到達点を明らかにできる。接尾辞の -ful は「…にもたらす」を示すことができ、 harmful to や hurtful to, painful to のように

前置詞 to で到達を示す。動詞の (damage = …に損害をもたらす) を受け継いで、名詞の damage は「…にもたらされた損傷」になり damaging は「…に損傷をもたらす」になる。また、danger は「…に損害をもたらすもの」になる。-al や -ous でその内容を増幅した形容詞を形成して detrimental to や fatal to などになるし、dangerous to や disastrous to, ruinous to などにもなる。さらに、sorrow や joy にも「悲しみ／喜びを…にもたらす人やもの」がある。

25. Overeating is **hurtful** *to* the health.
   過食は健康によくない。（過食は健康に悪影響をもたらす）

26. It was **painful** *to* me to break the sad news to her.
   彼女に悲報を打ち明けるのは私にはつらかった。

27. Too much drinking is **harmful/ detrimental/ injurious** *to* the health.
   大酒は健康に害をもたらす。

28. Her imprudent actions were **fatal** *to* her prestige.
   彼女の軽率な行動は彼女の名声を台無しにするものだった。

29. be **toxic/ poisonous/ harmful/ noxious** *to* the liver
   肝臓に有害である（肝臓に害をもたらす）

30. Ocean dumping of nuclear waste is a serious **detriment** *to* oceanic life. 放射性物質の海洋投棄は海洋生物に多大な危害を与えるものだ。

31. Radioactive fallout is a **danger/ hazard** *to* the health.
   放射性降下物は健康に危害を及ぼすものだ。

32. Radioactive substances must be **hazardous** *to* life.
   放射性物質は生き物に害を及ぼすにちがいない。

33. Doing drugs is **dangerous** *to* your health.

麻薬をやるのは健康に大きな害を及ぼす。

34. Termites are **troublesome** *to* house owners.
シロアリは家主にはやっかいものだ。

35. The article was **damaging/ destructive/ ruinous** *to* his reputation.
その記事は彼の評判を台無しにするものだった。

36. We must repair **damage** *to* the roof as soon as possible.
屋根の損傷をできるだけ早く修理しなければならない。
（屋根にもたらされた損傷…）

37. an **injury** *to* one's arm　腕に受けた傷（腕にもたらされた傷）

38. A cognitively impaired elderly person is a **sorrow** *to* his children.　認知症の高齢者は子供たちの悲しみの種だ。

39. Fishing is a great **joy** *to* my brother.
釣りは弟の大きな喜びの種である。

更に、to 不定詞でそれを具体的に示すことも出来る。

40. Doing moderate exercise is **important** *to keep* good health.　適度な運動は健康保持に大きな利得をもたらす。
（健康保持に重要です）

41. The new law will **tend** *to improve* working conditions of part-time workers.
新法は非常勤雇用者の労働環境の改善につながるだろう。

42. This music is **pleasing** *to listen to*.
この音楽は聴く人に感動を届ける。（この音楽は聴いて楽しい）

43. The music was a **joy** *to listen to*.
その曲は聞いて楽しかった。

44. a music **pleasant/ unpleasant/ nice** *to listen to*

聞いて楽しい音楽/ 楽しくない音楽

45. She is **beautiful** *to look at.*
    彼女は見た目に美しい。(見る人に喜びを届ける)

46. She is not **bad** *to look at.*
    見た目に悪いわけじゃない。

47. He is **wonderful** *to work with.*
    彼は一緒に働く人に喜びを与える。(一緒に働いて楽しい人だ)

48. Her aunt is **comfortable** *to be with.*
    彼女のおばさんは気楽につき合える。

49. Thin ice is **dangerous** *to walk on.*
    薄い氷は歩くには危険だ。
    薄い氷は上を歩く者に危害をもたらす。

50. Her life of hardship was **painful** *to look at.*
    彼女の苦難の人生は見る者に痛ましい思いをさせるもので
    あった。

2.4. 到達補助

これまで「強制して…に到達させる」や「励まして…に到達さ
せる」などの文型を取り上げたが、「手伝って…に到達させる」
もある。先行動詞 help と同じ性質を持つ to 不定詞の to は脱落
することも多い。但し、help には「離れる」もある。

1. I **helped** my father (*to*) *repair* the roof.
   私は父が屋根を修理するのを手伝った。

2. The nurse **aided/ assisted** the patient *to get up* (or *in
   getting up*) on the bed.
   看護師は患者がベッドの上で起き上がるのを助けた。

3. This medicine **helps** (*to*) *relieve* the pain.
   この薬のおかげで痛みは和らぐ。

4. She **helped** me *to* the salad.
   サラダを取り分けてくれた。(サラダへの到達を助けてくれた)

2.5. 許可

　到達補助は「手伝って…に到達させる」であるが、許可は「許可して…に到達させる」になる。但し、許可の場合は「…に到達してもよい」から「…に到達しなくてもよい」まで範囲が広くなる。これは行動に至るか否かを自由意志に任せることを意味し、自由や権利の思想と接点を持つ。慣用的に let には to なしの不定詞を対応させる。

1. She **lets** her son *live* his own life.
   息子が自分の考えに従って生きるのを許している。

2. **Let** us *get* into the room, will you?
   我々が部屋に入るのを許可して下さいませんか。

3. She **let** him *go*.
   She **let** the boy *go*.
   She **let** *go* the boy.　(語順を変えたこの文型は言いやすい)
   少年が出かけるのを許可した。

✧ **Let's** *get* into the room.　部屋に入りましょう。

4. She did not **permit** them *to leave* school early.
   彼らが早退するのを彼女は許さなかった。

5. Her father didn't **allow** her *to go skiing*.
   彼女がスキーに行くのを許さなかった。

6. We are not **authorized** *to use* chemical weapons.

我々は化学兵器の使用を許されていない。

7. A lot of nuclear power plants are **licensed** *to operate* in Japan.
   日本では多くの原子力発電所が操業を許可されている。

8. The children have been **left** *to take* care of themselves. 『小学館ランダムハウス英和大辞典: 1537』
   子供たちは自分のことは自分でするように任されている.

9. I have **leave** *to use* his car.
   彼の車を使う許可はもらっている。
   彼の車を使うところまでは自由にできる。

10. Our plane was **cleared** *to take off*.
    我々の飛行機は離陸する許可を与えられた。

11. I gave him **permission** *to smoke* here.
    ここでタバコをすってよいと彼に許可を与えた。

12. I possess written **authority** *to use* the town hall.
    町の公会堂を使用する認可証書がある。

13. I got **authorization** *to open* a restaurant.
    レストラン開設の許可をもらった。

14. He didn't have official **approval** *to continue* the illegal acts. 不法行為を続けてよいとの正式な許可は取ってなかった。

15. I have a **certificate** *to teach* calligraphy.
    書道教師の免許状を持っている。

16. a **license** *to sell* tobacco　　　タバコ販売の許可証

17. a **green light** *to build* a new stadium
    新スタジアムの建設許可

18. got a **clearance** *to leave* the country　出国許可を得た

19. We got **OK** *to use* the stadium.
    競技場の使用許可を得た。

2.6. 感覚、知覚の到達点

　英語では the eye can reach「目が届く」と表現し、日本語でも「親鳥はヒナに目が届く場所で虫を探す」と言う。どちらも「物が見える」のは「視覚が到達する」からだと表現している。反対に「彼から目を離すな」とか「耳が遠い」とも言う。これは感覚や知覚・認知を表す語は「つながる、到達する」性質があることを示している。感覚や知覚・認知を表す先行語と同じ性質を持つ前置詞 to などは名詞や代名詞を従えてその「到達点」を具体的に示すことが出来る。

✧　**Look** *at* that bird.　（at は接触を示す前置詞）
　あの鳥に目をつけてごらん。　（あの鳥を見てごらん）

✧　**keep** an eye *on* the neighbors　（on は接触を示す前置詞）
　隣人たちに目を付けておく（隣人たちを監視する）

1.　I **saw** all the way *to* the hilltop in Musasino.
　はるか遠く武蔵野の丘の頂上まで見えた。

2.　**Listen** *to* me.　　　　私の言うことに耳を貸しなさい。

3.　He **paid no attention** *to* my advice.
　私の忠告には注意を払わなかった。

4.　She is **blind** *to* the difficulties of other people.
　彼女には他人の苦労が見えない。
　(他人の苦労までは視覚が届かない)

5.　He is **deaf** *to* a low voice.
　低音が聞こえない。　（低音には聴覚が届かない）

6. While watching the northern lights, I was **oblivious** *to* the penetrating cold. オーロラを見ている間、私は身を切る寒さに気が付かなかった。

7. a **witness** *to* the accident
その事故の目撃者[9] （その事故に視覚が届いた人）

8. **Look** (*to* it) that they arrive at the airport before ten.
『小学館ランダムハウス英和大辞典: 1595』
10 時前に空港に着くように気をつけてやってください.
(10 時前に空港に着くところまで見届けてね) （筆者訳）

9. **See** *to* it that there are no mistakes. 『アンカーコズミカ英和辞典: 1664』 手違いが起きないように気をつけてね.

To 不定詞で到達点を示すこともできるが、用例は少ない。

10. In these flats you **can't see** *to do* anything at the back. ― W.S. Maugham, *Plays* [qtd. in 『不定詞』: 46] [10]
このアパートでは裏側は暗くて何もできない.
(アパートの裏側では何かするところまでは視覚が届かない)

形容詞の privy は「内々に関知、関与して」を意味し、認知を表すが、「つながり、関連」を含意する語でもあるため、それと同じ性質を持つ to は「に関して」も表せる。

11. They were made **privy** *to* the secret plans of revenge.
彼らは秘密の復讐計画に関しては内々知らされていた。

感覚は動いているものを捉えやすい。従って、感覚動詞に

---

[9] 「撃」には「強く打つ、ふれる」があり『旺文社国語辞典 第 11 版 :444』旺文社、それは「付く・届く」性質を持つ。

[10] 小川三郎『不定詞』英文法シリーズ 第 16 巻 第 22 版 研究社 昭和 55 年

…ing を連携させ、動作の途中でありまだ終わらないことを示すのは理にかなっている。その…ing は先行語と同時進行の場面では未完了を伝えるが、以前の事がらを対象にする語と連携する場合の…ing は終了を示す。

しかし、遠くアフガニスタンから家に帰るような場面では、…ing で表す途中経過は見ることが不可能である。動作が完了して家に着いて初めて見ることが出来る。逆に瞬時に終わってしまう「稲妻がピカッと光る」なども未完了を表す…ing では示せない。その様な場面では完了を示せる対格の不定詞を使って実際に見えたことを表現する (例文 17, 18)。(cf. 4.4.)

「分かる」など抽象的な事象を対象にする知覚、認知動詞は一時的な事象や継続性のある事象、さらに以前の事象にも対象範囲を広げる。認知動詞には到達点を示すために to 不定詞を後続させる。

それは感覚か認知かを識別するのにも役立つ。See や know などは感覚と認知の両方に働けるが、後に続く不定詞が to 付きか否かでいずれの働きをしているか簡単に見分けられる。

感覚動詞が受動態になると後の不定詞を to 付きで用いる。感覚動詞を認知動詞として働かせていることを示す to もある (例文 13)。

12. I **felt** someone *touch* my back.
    誰かが私の背中に触るのを触覚で捉えた。

13. My interest in the discussion was **felt** *to wilt* suddenly.
    議論への熱意が急に冷めたのが分かった。
    (触覚では感じ取れない)

14. She **heard** him *play* (*playing*) the guitar.
    彼がギターを弾く（弾いている）のが聞こえた。

15. We've never **known** the kids *sing* so happily before.
   子供たちがそんなに幸せそうに歌うのを聞いたことがない。

✧ I **saw** him *crossing* the road.（横断の途中）
   彼が道を横断しているのが見えた。（同時進行の-ing）

16. I **saw** him *cross* the road.（完了を示す対格の不定詞）
   彼が道を横断し終えるのが見えた。

17. My sister couldn't live to **see** her husband *return* (not[×]
   returning) home.　（...ing は帰還の途中であることを示す）
   夫の帰還を見るまで生き延びられなかった。

18. I **saw** lightning *flash* in the night sky (not[×]*flashing*).
   稲妻が夜空にピカッと光るのが見えた。

19. He was **seen** *to cross* the road.　　（目印の to）
   彼は道を横断し終えるのを見られた。

　感覚を意図的に働かせる場合も、それに to なしの不定詞（対
格の不定詞）を連携させるが、その用例は少ない。進行が重なる
動作を表すには対格の不定詞よりも…ing 形を用いる方が分か
りやすい。

20. **Look at** that boy *sing* [*singing*].
   あの少年が歌う［歌っている］のを見てごらん。

21. She **watched** the airplane *take* [*taking*] off.
   飛行機が離陸する［離陸している］のをじっと見ていた。

22. I **listened** to the children *talk* [*talking*].
   子供たちが話す［話している］のを聞いた。

　知覚、認知の範囲（到達点）を to 不定詞で示す例。

23. We **saw** her *to be* unkind.
   彼女が不親切だというところまでは分かった。

59

24. I **know** the old man only *to say* "hello" to.
   「ハロー」と声をかけるところまでしかその老人を知らない。

25. We now **know** her *to have been* a spy.
   今は彼女がスパイだったところまでは知っている。

26. We must **learn** *to live* with less energy.
   エネルギー消費を減らして生きるところまで習得すべきだ。

27. The signature was **found** *to be* a forgery.
   その署名は偽署だと判明した。

28. We **discovered** him *to be* reliable.
   彼は信頼できることが分かった。

29. She **reminded** me *to mail* the letter.
   手紙を出すのを私に思い出させてくれた。

30. She **forgot** *to close* the window.
   窓を閉めるところまで知覚が到達しなかった。(窓を閉め忘れた)

✧ We shall never **forget** *visiting* Italy last year.
   去年イタリアを訪問した時のことは決して忘れないだろう。
   (以前の事がらを対象にする語と連携する...ing は終了を表す)

「外部の者にきちんと知らせる」を表す declare などもある。

31. I **declared/ asserted** him *to be* a swindler.
   彼は詐欺師だと断言した。(…ところまではきちんと知らせた)

32. Her respectable behavior **showed/ revealed** her *to be* a lady of high position.
   彼女の上品な振る舞いから彼女が身分の高い人だと分かった。

33. The patient was **reported** *to be* on the road to recovery.
   病人は快方に向かっていると伝えられた。

34. She **acknowledged** it *to be* true.
   彼女はそれが真実であると認めた。

35. She **admitted/ confessed** herself *to have been* wrong.
    自分が間違っていたことを公表した。

36. He was **condemned/ sentenced** *to be hanged.*
    彼は絞首刑で処刑されることを宣告された。

「前もって知らせる」の warn もある。To 不定詞は「知らせる」に内包される「つながり、到達」に対応する。

37. I **warned/ cautioned** my children *not to drink* the water here.
    ここで水を飲まないように（するところまでは）知らせた。

38. Corporate profits are **forecast/ predicted** *to rise* 1.5% in 2014.
    企業利益は 2014 年には 1.5%上がると予想されている。

39. I **notified** my friends *to assemble* in the gym.
    友人たちに体育館に集まるよう（ところまでは）通知した。

不確実な認知と同じ性質を持つ to が不定詞を従える例。

40. The tomb is **said/ alleged** *to be* the oldest one in this area.
    その墓はこの地域で最古のものだと言われている。

41. She is **reputed** *to be* generous to a fault.
    彼女は過ぎるほど気前が良いという評判だ。

42. She **claims** *to see* ghosts.
    彼女は幽霊が見えると言い張る。

43. His brother is **rumored** *to be* alive.
    彼の弟は生きているといううわさだ。

44. She **pretended/ feigned/ affected** *to be* sick.
    病気のふりをした。（病気であると見せかけた）

認知を受動的に表し、不確実な表現にして断定を和らげている seem などもある。Prove は明確な認知を受動的に表す。

45. She **seems/ looks/ appears** *to be* ill [*to have been* ill].
彼女は病気である/ 病気であったように見える。
(…というところまでは不確実だが認知されている)

46. She **seems** *to like* mood music.
彼女はムード音楽を好むように思われる。

47. His report **proved/ turned out** *to be* true.
彼の報告は本当であると (本当であるところまで) 認知された。

2.7. 空間的「後、つながり／下位」

日本語の 「従う」 は ①「(自分よりもまさっているものの) あとについていく」 ②「服従する」 と説明されている『学研国語大辞典』: 837。これは上位の者が「前」を行き、下位の者は「後につく(後、つながり)」という主従関係を表す。また、それが心理的な事がらに用いられると転義して 「服従する」 になることも示す。

英語でも 「後、つながり」 は心理的な 「下位、服従」 に転義する。同様に 「下につく」 も 「下位、服従」 に転義する。逆にして、「下位、服従」 を 「後、つながり」 や 「下、つながり」 と同等に扱うことが出来る。

✧ **come** *to heel* 『アンカーコズミカ英和辞典: 865』
(犬が) 主人について来る、(人が) 従順になる

下記例文 1 の defer は心理的な 「下位、服従」 を表している。

62

このような語と同じ性質を持つ to も「下位、服従」を表し、「何との関わりで下位か」を示すことが出来る。当然、「下位」にも裏の意味「上位」があるため上下関係も表せる。To の後の語は「上位」にあるものを表す。

1. Not everyone **deferred** *to* the leader. (*de*scend の *de-* = down)
   みんながその指導者に従ったわけではない。
   みんながその指導者の下についたわけではない。

   接頭辞 sub- や suc-, sup-, sur-, sus- などは語形で「下位、服従」を表すが、内容で「下位、服従」を示す語も多い。

2. **surrender** *to* the enemy
   敵に降伏する (敵の下についた)　(敵が上位であることも示す)

3. He **submitted** *to* his fate.
   彼は自分の運命の下についた(運命に従った)。(運命と諦めた)

4. Children are **subject** *to* their parents.
   『アンカーコズミカ英和辞典: 1847』 子供は親に従属している.

5. My father **succumbed** *to* stomach cancer.
   父は胃がんに屈した。(胃がんで亡くなった)

6. **conform** *to* rules　　　規則に従う

7. We must **yield** (or **give way**) *to* reason.
   道理には従わなければならない。

8. He isn't **obedient** *to* the orders.　彼は命令に従わない。

9. The mayor vowed not to **bow** *to* anti-mask protesters.
   市長はマスク反対のデモ隊には屈しないと宣言した。

10. He is **servile** *to* public opinion. 世論にへつらっている。

11. He is **loyal** *to* an employer.　彼は雇い主に忠実である。

12. She is **faithful/ faithless** *to* her husband.

彼女は夫に貞節である／ない。

13. He is a **slave** *to* alcohol. 彼はアルコール依存の人だ。

14. My brother is a **prisoner** *to* computer games.
弟はコンピュータゲームのとりこだ。

15. His father **fell victim** *to* tsunami.
彼の父親は津波の犠牲になった。

16. a **supplement** *to* a magazine　　　雑誌の付録

17. **assistants** *to* the director　　監督に仕える助手たち

18. an **aide** *to* the President
大統領補佐官

19. an **advisor** *to* the President　　大統領に仕える顧問

20. She is **secretary** *to* Mr. Smith.
彼女はスミス氏に仕える秘書である。

受動形も「下位、服従」の性質を持つ。「受動の＝passive」は
submissive の同義語である。英和辞典ではそれを「… 黙従 [盲
従] する，従順な …（submissive）」と説明している ¹¹。従って、
受動形と同じ性質を持つ to は「に従って」になり「下位」を示す
と判断される。当然、to に続く語は上位のものを表す。(接尾辞
-able や -ible は受動的内容を示す形容詞も形成できる)

21. These bombers are **invisible／visible** *to* enemy radar.
爆撃機は敵のレーダーに捉えられない／捉えられる。

22. The skating rink is **available** only *to* members.
スケート場は会員だけに利用される。(会員だけが利用できる)

23. The membrane is **permeable／impermeable** *to* water.
その薄膜は水によって浸透される／されない。

---

¹¹ 『小学館ランダムハウス英和大辞典』：1988

24. Use terms **understandable** *to* the layman.
　　素人にも理解される用語を使いなさい。

25. Her whisper was barely **audible** *to* me.
　　彼女のささやき声は私には殆んど聞き取れなかった。

26. The earth tremor was **imperceptible** *to* us.
　　その地震の微動は我々には感じ取られなかった。

27. Her story was **incredible** *to* me.
　　彼女の話は私には信じられなかった。

28. **comprehensible/ intelligible** only *to* a computer specialist
　　コンピュータ技術者にしか理解されない

29. We should make science more **accessible** *to* boys and girls.
　　科学を少年少女にもっと親しまれるものにすべきだ。

　前置詞 by は to sit *by* the tree などのように純粋に空間的な位置関係を示すことも多い。しかし、「すぐそばに」から「接して」に発展し、at と同義にもなれる。Will you drop *by* (or *at*) my office tomorrow?「明日私の会社に立ち寄ってくれるかい」の by は at と同じ働きをしている。

　通常、中央が上位で脇は下位を示す。「by＝そばに」は「脇に」に転義し、さらに「下位」に転義する。形容詞の by は a **by** road で「わき道・下位の道」を表している。前置詞の by も転義し抽象化して「下位、服従」を示し、その後の語で「上位、動作主」を表せる。

　また、「動作主」を示す日本語は「依る」もあるため、「に」を「依る」で補強して「によって」と表現することも多い。

　次の例文 30 では、受動形と同じ性質を持つ to と by はいずれも「下位、服従」を示し、似たような働きをしている。

30. The lake is well **known** *to* the local people but not *by* the public. その湖は地元の人々には良く知られているが、一般の人々には知られていない。

31. The new student has become **known** *to* [$^\times by$] everyone in the school. 『ジーニアス英和辞典　第4版：1089』 [12]
新入生は全校生徒に知られるようになった.
(known が形容詞化している場合 by は不可 (*ibid.*))

32. a board **cut** *to* order
注文に従って裁断された平板

✧ They **were surprised** *by* the news.
そのニュースに驚いた。(ニュースによって驚かされた)

　しかし、次の参考例文✧では「判断」を表す know や judge に対応するため、前置詞 by はその「材料、根拠」を示す。

✧ You are **judged** *by* your conduct.
あなたはあなたの行為によって判断される。

✧ the tree is **known** *by* his fruit (*Matt.* 12: 33.)
『小学館ランダムハウス英和大辞典』：1492
木はその実で判断される (実に基づいて判断される) (筆者訳)

　Familiar も知覚に関して受動的内容を伝え得る。

33. The song is **familiar** *to* everyone in our country.
我が国ではその歌がみんなに知られている。

34. The town was **unfamiliar** *to* me.
その町は私にはあまりなじみがなかった。

---

[12] 小西友七/ 南出康世 編集主幹『ジーニアス英和辞典』第4版　大修館書店 2011年

従って、次の例文で前置詞 with の代わりに ×to を用いると「× その問題が彼のことを知らない」になってしまう。Familiar は to を伴うと受動的に働くが、「関連」を示す with を対応させると能動的に働き「…に関して精通する」になる。

✧　He is **familiar** / **unfamiliar** *with* [× *to*] the problem.
　　彼はその問題に (関して) 精通している / いない。

Seem や appear, look は不確実な認知に関して受動的内容を伝えることが出来る。それと同じ性質を持つ前置詞 to は何の下位であるかを表し、後に続く名詞や代名詞が上位 (動作主) であることも示す。その後の to 不定詞は認知動詞の到達点を表す。

35.　She **looked** *to* him like a kind lady.
　　彼には彼女が親切な人のように見えた / …と彼に思われていた。

36.　He **appears** *to* me to be rich.
　　私には彼が金持ちであるように見える (思われる)。

37.　She **seems** *to* me to be happy.
　　私には彼女が幸せそうに見える。

認知に関して受動的内容を表す形容詞はほかにもあって、やはり受動と同じ性質を持つ to は「下位」を示す。

38.　It was **apparent** *to* everyone that she was happy.
　　彼女が幸せであることはみんなに知られていた。

39.　Her innocence was **evident** *to* all of us.
　　彼女が無実であることは私たちみんなが知っていた。

40.　The truth was **obvious** even *to* the dullest mind.
　　どんなに鈍い頭の持ち主さえも真相は分かった。

41.　It is **clear** *to* everyone that their marriage is strained to

the breaking point. 彼らの結婚生活がいつ駄目になっ
てもおかしくない状況であることはみんなに知られている。

42. The theory of relativity is not **plain** *to* ordinary people.
一般庶民に相対性理論は分かりやすいものではない。

大切なものは中に入れ蓋をする。値打ちのない物は外に放り
出して置く。故に、open や expose などは「受け入れ、受動、
服従」を表せる。反対に close は (門を閉じて)「受け入れない」
になる。

43. The library is **open** *to* the young all the year round.
図書館は一年中若者に開放されている。(受け入れている)

44. **closed** *to* all vehicles
諸車通行止め (道路標識) (車を受け入れていない)

45. His mind is always **open** *to* reason.
彼の心は常に道理に服する。(道理を受け入れる)

46. The house lay **open** *to* the wind and rain.
『小学館ランダムハウス英和大辞典: 1904』
その家は風雨にさらされていた.

47. The log cabin has decayed from long **exposure** *to* the rain
and wind.
その丸太小屋は長い間風雨にさらされて傷んでしまった。

「順応する」や「慣れる」も下位を表す。

48. She couldn't **adjust** herself *to* the drab of country life.
田舎の単調な生活に慣れる(順応させる)ことができなかった。

49. Some children cannot **adapt** themselves *to* a new envi-
ronment. 新しい環境に順応できない子供もいる。

50. We aren't **accustomed/ habituated** *to* the piercing cold

here. ここの肌を刺すような寒さには慣れていない。

✧ He is **unaccustomed** *to* eating raw fish.
彼は刺身を食べることには慣れていない。

51. He is **used** *to* country life. 彼は田舎の生活に慣れている。

To が不定詞を従えることもある。

52. I am **accustomed** *to eat* raw fish.
私は刺身を食べることに慣れている。

自動詞で過去の習慣を表す用法もある。

53. We **used** *to swim* across the river when young.
若いころはその川を泳いで渡ったものだ。
若いころはその川を泳いで渡ることに慣れていた。

54. You didn't **use** *to talk* politics.
以前は政治の話はしなかった。

「負ける、奪われる」の lose は「下位」を示すため、能動形で受動的内容を示せる。ほかにも能動形で「下位」を表す「委ねる」などがある。

55. She **lost** her husband *to* coronavirus.
彼女は夫をコロナウイルスに奪われた。

56. Must we **resign** ourselves *to* fate?
あきらめて運命に身を委ねなくてはならないのか。

57. She **entrusted** the work *to* her father.
その仕事を父親に委ねた。

58. We should not **leave** everything *to* nature.
全てを自然の成り行きに任せるべきではない。

敬いや丁重さ、依頼、要請又は感謝、迎合も「下位」を表す。

59. Do you **look up** *to* him as your leader?
　　彼をリーダーとして尊敬しているか。

60. **Dedicated** *to* Dr. John Smith　ジョン・スミス博士に献げる

61. in **salute** *to* our great leader
　　偉大な指導者に敬意を表して

62. You should be **respectful** *to* your elders.
　　年長者には敬意を示すべきである。

✧　have **respect** for the aged『アンカーコズミカ英和辞典: 1570』
　　年配者を尊敬する（下位と連携する for）

63. He is always **polite/ courteous** *to* his customer.
　　お客さんにはいつでも丁重である。

64. You shouldn't be **rude** *to* customers.
　　お客さんに無礼なことをしてはいけません。

65. City officials should not **cater** *to* a big business.
　　市役所職員は大企業に迎合すべきではない。

66. I made a **request** *to* him for his help.
　　彼に援助を要請した。（求めての for）

67. We made a **petition** *to* God for food and water.
　　食べ物と水を下さいと神様にお願いした。（求めての for）

68. We **owe** a lot *to* you.　あなたには大きな恩義を受けています。

69. I have nothing **due** *to* my uncle.
　　叔父に借りているものは何もない。

70. I feel **indebted** *to* you for your help.
　　あなたの援助に感謝いたします。（関連の for）

71. We are **grateful/ thankful** *to* you for your kindness.
　　親切にして頂いたことに関してあなたに感謝しています。

72. My grateful **thanks** *to* Dr. John Smith.

ジョン・スミス博士に心から感謝いたします。

前置詞 to の目的語が無生物の場合、それが前置詞句のように働いて原因を表すと解釈可能になる。(because of が一般的)

73. **Thanks** *to* the heavy rain, the river overflowed.

大雨のため川が氾濫した。(大雨に恩を受けて川が氾濫した)

74. **Owing** *to* the storm, the ceremony was cancelled.

嵐のためその式典は中止になった。

75. The delay was **due** *to* a heavy snowfall.

遅れは大雪が原因であった。

✧ **Because of** the heavy rain, the river overflowed.

大雨が原因で川が氾濫した。

(because (conj.) + 同格の of = 前置詞句)

2.8.「つながり」と 時間的「後」

時系列上の「後の事がら」が空間的、質的な「つながり」を含意する場合、それと同じ性質を持つ to は単に後の事がらと前の事がらの関わりだけを明らかにする。その結果、ここでは「後」と「前」の間に優劣関係を持ち込まない。「後」が「前」より優れていることもあり、その逆もあり得る。それで to は「つながり・後に」になる。

接頭辞の sub- や suc- などは「下位」や「副」などを示すが、それとは別に時系列上の「後に」を示すことも出来る。

1. He is the **successor** *to* the chairman.

彼は後継者である：会長の後につながる。(会長の後任である)

2. on the day **subsequent** *to* the attack　攻撃の次の日に

3. a **follow-up** *to* the first meeting
    最初の打ち合わせの続き

4. the rightful **heir** *to* the estate　先代の財産の正当な相続人

5. He **succeeded** *to* the estate.　彼はその財産を相続した。

　Alternative は「代わって後を引き継ぐもの」を表すため、「後につながる」性質を持つ。後続の to も「後につながる」を示す。

6. the **alternative** *to* atomic power generation
    原子力発電に取って代わるもの

✧　a **substitute** *for* butter　バターに代わる代替品（代替の for）

「証し」などは前に起こった事がらとの直接的関わりを示す。

7. The scar on his face was a **witness** *to* the torture he had
    suffered.　『ジーニアス英和辞典　第4版：2208』
    顔の傷跡は受けた拷問との関わりを示す証拠だ。　（筆者訳）

8. Her swollen face bears **testimony** *to* the cruelty of her
    sufferings.
    腫れ上がった顔は彼女が受けた苦難の残酷さを証明する。

9. The remains of the Berlin Wall bears **testament** *to* the
    repression of the Cold War era.
    ベルリンの壁の遺跡は冷戦時代の抑圧の証しである。

10. a **monument** *to* the unknown soldiers　無名戦士の記念碑

11. a **memorial** tombstone *to* the fallen student soldiers
    戦死した学徒兵に捧げる墓碑

12. The mayor **testified** *to* having received $500,000 in bribes.
    市長は50万ドルの賄賂を受け取ったと証言した。

13. She **admitted** *to* stealing the money.
    彼女はその金を盗んだと認めた。

14. He **confessed** *to* having commited the crime.

　彼は罪を犯したと白状した。

　上記例文では、以前の事がらとのつながりを示す場合に終了を示す…ing を使い、不定詞は用いない。反応や感情変化の原因を示す場合、判断の根拠を示す場合、相対的最上級や序数の表現で限定された集団を示す場合、認定、認知を示すような場合には to 不定詞を用いて以前の事がらとのつながりを具体的に示す。Evidence の場合、過去とのつながりは「関連」を示す of や for で表し、後の事がらへのつながりは to 不定詞で示す。

✧　**evidence** *of* looting　略奪の証拠（略奪したことに関する証拠）

15. They still had no **evidence** *to support* the accusation.

　その罪状を裏付ける(ことにつながる)証拠がまだなかった。

2.8.1. 反応、感情変化と刺激

　反応は刺激に接した後それに触発されて起こる。時系列上の「後の事がら」である反応は空間的、感覚的な「接触」を含意し「…に接して後に」の性質を持つ。それと同じ性質を持つ to も「に接して後に」を示す。To の後の語は「接する前の事がら」・原因を表す。

1. **respond** *to* stimulus

　刺激に反応する（刺激に接触してその後に反応する）

2. His eyes no longer **react** *to* light.

　彼の眼はもう光に当たっても反応しない。

3. My sister is **allergic** *to* lobster.

　私の妹はロブスターにアレルギー反応を示す。

4. His disease didn't **respond** *to* treatment.

彼の病気は治療に効果を示さなかった。(治療に反応しなかった)

5. Plants are not always **responsive** *to* changes in climate.
   植物は気候の変化にいつでも敏感に反応するわけではない。

　感情の変化は通常は意志で制御できず、刺激に触発された反応として起こる。感情変化を示す語句には「後、接触」の性質があるため、それと同じ性質を持つ to も「接して後に」を表す。To の後の語は「接する前の事がら」を表す。従って、to の後の不定詞も「接する前」の事がらを表す。不定詞は感情変化「以前の事がら」を表し、それに触発された結果として感情変化が起こるため、それは感情変化の原因になると解釈される。

　日本語でも「驚く」に「接して後に」の性質があることを「訃報に接して驚く」のように「接して」で「に」を補強して示す。

6. I'm very **glad/ happy/ pleased/ delighted** *to see* you.
   また君に会えて嬉しいね。(会うことに接して嬉しくなっている)

7. I'm very **glad/ happy/ pleased/ delighted** *to meet* you.
   あなたに初めて会えて (遭遇して後) 嬉しくなっています。

8. We're terribly **sorry** *to have kept* you waiting so long.
   長い間お待たせして本当にごめんなさい。

9. They seem **contented** *to live* in the country.
   彼らは田舎暮らしに満足しているように見える。

10. I was **dismayed** *to hear* (or *at hearing*) the news.
    そのニュースを聞いて (聞くことに接して) 愕然とした。

11. She was **amazed** *to hear* her horse had won.
    自分の馬が勝ったと聞いて彼女は驚いた。

12. We are really **elateded** *to learn* of your son's safe return.
    息子さんが無事帰還したことを知り本当に喜んでいます。

13. I am deeply **honored** *to be invited* to the party.

パーティーにお招きして頂いてとても光栄に思います。

14. We should not be **satisfied** just *to see* a small portion of things that had happened.

出来事のほんの一部を知っただけで満足してはいけない。

前記例文では感情変化を glad や amazed などの形容詞などで表現しているが、それは自動詞や名詞でも表現できる。

15. She **wept/ grieved** *to see* her home town in ruins.

故郷の町が廃墟となっているのを見て泣いた/悲しんだ。

16. I **shuddered** *to see* the pictures of the atrocities.

惨劇の写真を見て身震いした。

17. She **rejoiced** *to hear* (or *at hearing*) the news of his safe arrival.

彼が無事に着いたと言う知らせを聞いて彼女は喜んだ。

18. She wept with **joy** *to see* her husband safely home again.

無事故国に帰ってきた夫に会えたうれしさに彼女は泣いた。

19. He is one of the greatest men I have ever had the **pleasure/ honor** *to meet*. 会えてうれしかった人々の中で彼は最も偉大な人の一人である。

20. They are wild with **excitement** *to learn* of her great discovery.

彼女の大発見のことを知って彼らは大変興奮している。

前置詞 of で同格になっていることを表現することも出来る。

✧ I had the **pleasure/ honor** *of dancing* with her.

彼女と踊るという喜びを味わった。

75

意志で制御されず無意識に反応することを示す動詞も「接して後に」の性質を持つ。また、外部要因に触発されて変化することを表す語も「接して後に」の性質を持つ。

21. I **woke** *to* the sound of a heavy rain.
　　大雨の<u>*音に*</u>目を**覚ました**。

22. The grass **withered** *to* the hot sun.
　　暑い日の<u>*光を浴びて*</u> 芝生は**しおれた**。

23. The leaves of the mulberry trees **were swaying** *to* the wind.
　　桑の木の葉が<u>*風に*</u> **揺れていた**。

　反応に「接触」を表す前置詞 at や with を連携させることも出来る。刺激を主語にして能動態で表現することも出来る。

✧　I was very **surprised** *at* the news.
　　そのニュースに(接して)大そう驚いた。

✧　He **shivered** *with* **cold**.　　寒さに震えた。

✧　*The news* surprised me. そのニュースが私を驚かせた。

2.8.1.1. 感情変化ではない glad

　反応は「刺激に接して後に」起こる。当然、反応や感情変化を示す語の後の to に従う不定詞は「感情変化以前の」事がらを表すべきである。従って、「それ以後の」事がらを表す不定詞を伴うと、to は刺激 ⇒ 反応や感情変化とは無縁になる。

　次の例文の glad などの後の to に続く不定詞は「glad 以後の」事がらを表している。その様な場合の glad などは感情変化を示すのではなく、未来志向の自発的な気持ちを表し、willing などと同じになっていると解釈する。

1. **I'm glad/ happy/ pleased** *to go* with you tomorrow.

   = I'll **be glad/ happy/ pleased** *to go* with you tomorrow.

   喜んでお供いたします。

　「後悔する」などは以前の事がらを対象にする語であるため終了を示す…ing とは相性が良いが、以後の事がらを表す to 不定詞とは相性が悪い。その様な to 不定詞と連携する場合の regret は「残念だが…する」になり、thank は request と同じになって未来志向を表す。Remember も「忘れずに…する」と解釈する。Sorry も「気が進まないが…する」になる。これで「以後の事がらを表す to 不定詞」と折り合いが付く。

✧　I **regret** *having said* such a thing.

　　そんなことを言ってしまって後悔しています。

✧　I **remember** *seeing* you in Kyoto.

　　京都でお会いしたことを覚えています。

2. I **regret** *to tell* you that I cannot accept your offer.

   残念ですがあなたの申し出をお受けすることはできません。

3. I'll **remember** *to post* this letter.

   忘れずにこの手紙を投函します。

4. I **will thank** you *not to disturb* me in my study.

   勉強の邪魔をしないでいただきたい。(cf. 3.5.2.)

5. I am **sorry** *to have to inform* you of the result.

   残念ですがその結果について君に伝えなければなりません。

　以前から続く動作を終える場合、finish や stop, cease には to 不定詞ではなく終了を示す…ing と連携させる。さらに、finish に to 不定詞が続くことはなく、stop や cease は to 不定詞と連携すると別の意味を表し、例文 6 や 7 の様になる。

- He **finished** *reading* a novel. （not ˣ*to read*）
  彼は小説を読むのを終えた。（小説を読み終えた）
- He **stopped** *reading* a novel.
  彼は小説を読むのを止めた。(stop ＝ stay ＝ 離れる)
- He **ceased** *reading* a novel. （意図的）
  彼は小説を読むのを止めた。 （読むことから離れた）

6. The Roman Empire **ceased** *to exist*. （成り行き）
   ローマ帝国は滅びた。 （存在することから離れた）

7. He **stopped** *to smoke*.
   煙草を吸うために立ち止まった。 （意図的）

2.8.2. 反応、感情変化と譲歩

　ある刺激に接触しても予想される反応が起きないことがある。因果関係に破綻をきたしているため譲歩を表すと解釈する。

1. They only **rejoiced** *to hear* of the twin towers destroyed in a terrorist attack.
   テロ攻撃によって破壊されたツインタワーのことについて聞いても彼らは大喜びするだけだった。
- He does not feel **happy** *for* all his success.
  『小学館ランダムハウス英和大辞典: 72』
  大成功したのに嬉しいとは思わない． （譲歩の for）

2.8.3. 判断、評価と根拠

　判断、評価は根拠に基づいてなされる。それにも「接して後に」の性質がある。同じ性質を持つ to も「接して後に」を表す。
　「後に」は前後関係も示すため、to の後の不定詞は「接する前の」事がらを表し、根拠・理由を示すと判断される。

78

1. He was **wise/ right** *to employ* local labor.
   地元の労働者を雇ったのだから賢明だった/正しかった。

2. You were **sensible** *not to drive* home while intoxicated.
   酔っ払い運転で帰ってこなかったのだから賢明だった。

3. He is **clever** *not to participate* in the cover-up.
   隠ぺい工作に加わらなかったのだから彼は利口だね。

4. He was **courageous** *to rescue* a girl from the burning house.
   燃え盛る家から少女を救助したのだから勇敢だったね。

5. She is **foolish/ stupid/ idiotic** *to accept* the offer.
   その申し出を受け入れたのだから彼女はばかなんだ。

6. The boy is **naughty/ malicious/ ruthless/ cruel/ wrong / spiteful** *to give* a kick to a puppy.
   子犬を蹴飛ばすなんてその子はわんぱくだ/無慈悲だ。

7. You are **lucky/ fortunate** *to make* a profit on the deal.
   その取引でもうけたのだから君は運が良い方だ。

✧ He got a **scolding** *for* having left the door unlocked.
   ドアに施錠しなかったので彼は叱られた。(根拠の for)

2.8.4. 条件の to 不定詞

　仮定法の帰結は条件に基づいて導き出される。「後、接触」又は「前、隔たり」を示す帰結と to は同じ性質を持ち条件を示せる。また「不満足な状態」を表す帰結 (仮の結論) を先導して、but for などで「離れている」状態を示しても条件 (仮の理由) を示せる。人や物から「離れる」と「不満足な状態になる」という仕組になる。

✧ *Without* your advice, I **couldn't have succeeded** in this business. 君の助言がなかったら（から離れていたら）、私はこの商売で成功できなかっただろう。

✧ *But for/ except for/ save for* your advice, I **could not have succeeded**.

君の助言から離れていたら、私は成功できなかっただろう。

✧ *With* you *away*, she **would be** extremely lonely.

君がいない(離れる)と、彼女はすごく寂しいでしょうね。

　帰結と同じ性質を持つ to が不定詞を伴って条件を示す例文も多い。

1. He is **happy** to see her everyday but he **would be happier** *to marry* her. 彼は毎日彼女に会えるので嬉しいが、彼女と結婚することにつながればなお一層嬉しいでしょう。

　例文1の後半では **would be happier** は仮の結果 (仮の感情変化) を示すため、それと同じ性質を持つ to は不定詞を伴って仮の原因「につながれば」を表す。それで、to 不定詞は仮定法の帰結に対する「条件」を表すと解釈される。

2. She**'d be idiotic** *to accept* such an offer.

　　そんな申し出を受け入れるならば彼女はばかだろう。

　例文2では帰結が仮の判断・評価を表すため、それと同じ性質を持つ to は不定詞を伴って仮の根拠(理由)を示している。

　例文3は「離れて前に」の性質を持つ動詞が帰結になっているため、同じ性質を持つ to は不定詞を伴って仮の目的を表す。

3. I**'d have given** anything *to get* the tickets. (cf. 3.4.1.1.)

　　その入場券を入手するためなら何だって上げたのに。

想定外の事がらを仮定法の帰結に見立てて、その文の形式主語 it の内容を if 節で表すことが出来る。主語の中に条件を組み込んでいる。また、if 節にせず that 節にする場合は should を用いて想定外を表せる。

✧ **It will look strange** *if you don't come to the party.*
　君がそのパーティーに来ないとしたら変に思われるだろう。

✧ It is **strange** *that* we *should* meet here.
　　『小学館ランダムハウス英和大辞典: 2677』
　こんな所で会うなんて不思議だ.

　形式主語 it で帰結を導入する場合、if 節を簡略化した to 不定詞でそれを置き換えることが出来る。例文 4 では帰結(仮の判断)と同じ性質を持つ to が不定詞を伴って条件(仮の根拠)を表すが、それでは文意が纏まらないので譲歩を表すと解釈する。また、to 不定詞は形式主語 it の内容を示しており、ここでも主語の中に条件を組み込んでいる。

4.　It **wouldn't hurt** you *to play* with your children on your days off.　休みの日くらい子供たちと遊んでやっても悪くないでしょうに。

　強調するために to 不定詞を文頭に置くと、to は後続語句と同じ性質を持つ。帰結(仮の判断)を **would think . . .** で示す。

5.　*To hear* him talk, **you would think** he is a genius.
　彼の話しぶりを聞けば、君は彼が天才だと思うだろう。

　さらに、帰結節 "how happy I should be" を **Oh** で表現し、条件だけを to 不定詞で示す文もある (Curme: 331)。

81

6. **Oh,** *to be* in England now that April's there! (Browning, *Home-thoughts from Abroad*, I [qtd. in Curme: 331])
   ああ、イングランドにおれたらなあ今は4月だから！

　仮定法には婉曲的な表現にするという重要な役割がある。仮定法なしで表現すると、例文7は聞き手の感情を害しかねない内容になっている。仮定法にしてそれを防ぐことが出来る。

7. Spinach is good food. Popeye **would be** an idiot *not to eat* it every day.
   ホウレンソウは素晴らしい食べ物です。それを毎日は食べないのならポパイはバカなんでしょう。

　以下の例文にも大げさで常識外れの表現になっている部分がある。それを条件の to 不定詞 so to speak (= as it were) や "not to say (= if one may not say)" で和らげている（Curme: 331）。「大げさな表現」が心理的に仮定法の帰結と同じ効果をもたらし、それと同じ性質を持つ to が不定詞を伴って条件を示していると見なせる。

8. She's a Cleopatra, *so to speak*.
   彼女はいわばクレオパトラだ。

　婉曲的な表現は仮定法の帰結と同様に働ける。婉曲的な表現にする場合、ought や must などの法助動詞を使うことが多い。その様な法助動詞と連携して if 節…で条件を示せる。

✧ You **ought to leave** now *if* you want to be in time for the last train.
   最終列車に間に合わせたいのであれば今出発しないといけないよ。

82

Must などが判断を示す場合には、それと同じ性質を持つ to は不定詞を伴って根拠を明らかにする。

9. They **must have been** exceptionally strong *to have survived* without water for so long in the desert.
   砂漠で水もなしにそれほど長い間生き延びたのだから、彼らはとてつもなく強かったに違いない。

Must などと連携して目的を表す to 不定詞が、挿入句的に表現されると条件を示すと解釈される。但し、I must tell などは「省略されることが多い」(Curme: 345)。(cf. 3.4.1.)

10. *To be sincere*, [I **must tell** you] you have not done your best. (*ibid.*) 率直に言えば、君は最善を尽くさなかった [と言わざるを得ない]。

11. *To be frank* with you, I don't like him.
    率直に言えば、私は彼が好きではない。

12. His insulting remarks were disgusting, *to say the least.* 控えめに言っても、彼の侮辱的な発言は嫌なものだった。

2.9. 相対的最上級

相対的最上級は「最上級」と「限定された集団」の二つの要素から成り立っている。A組では一番背が高い人でもB組に入ると5番目になってしまうこともあるため、相対的最上級では明確に集団を限定する必要がある。限定された集団を示すために、その広がりの上限や下限を示すこともあれば、所属場所を指定することもある。

- ✧ **the tallest boy** *in our class*
  我々のクラスでは一番背の高い少年
- ✧ **the worst** recession *since* the war
  戦後最悪の不況

　また、to 不定詞で限定した集団を明らかにすることも出来る。「どのような動作、作用」に関連した人や物、あるいは事がらであるかを示す方法である。ある特定の動作、作用に限定すれば「一番」でも、それ以外のことについては必ずしも「一番」とは言えないことを示す仕組みになっている。

1. It was the **strongest** typhoon *to strike* the island.
   その島を襲った (ものに限定すると) 最強の台風であった。

2. **the best** chance *to end* the affliction of terrorism
   テロの災厄を終わらせる (ことに限定すると) 最良の機会

　序数 first (時間的に最も古い) や only (…の中で唯一の) なども同様である。

3. He is the **first** human being *to walk* in space.
   彼は宇宙遊泳したことに限定すると最初の人間である。

4. This is the **fourth** volcanic eruption *to occur* within a month. これは 1 カ月以内に発生した (ことに限定すれば) 4 番目の火山性爆発である。

5. You should be **the last** person *to do* anything like that.
   そんなことをやる (ことに限定すれば) 最後の人になるべきだ。(そんなことを決してやってはいけない)

6. She is the **only** person *to know* the secret.
   その秘密を知る(ことに限定すると)ただ一人の人である。

3.「隔たり」

有限的な隔たりは A 点から Z 点までの空間の大きさである。同じように時間的な隔たりもある。

現在の英語では前置詞 to が単独で「隔たり」を表すことは出来ない。「隔たり」の性質を持つ先行語と同じ性質を持つ to になる場合にのみ前置詞 to も「隔たり」を表せる。大昔の to^c と tó は統合されて to になったため、「つながり」と「隔たり」の両方とも to 単独で表現すれば混乱する。そのため、一方が駆逐されてしまうのは仕方のないことであった。

3.1.「隔たり」の大小

隔たりが小さいと「近い」になり、抽象化して考え方などが大きく離れると「離反、反対」するになる。「小さな隔たり」の性質を持つ先行語と同じ性質を持つ to は「の近くに・から少し離れて」を表す。但し、小さな隔たりは「近接」として「つながり、接触」と同じ扱いになることもある。

1. He stood **near** *to* the door. 彼はドアの近くに立っていた。

2. the **nearness** of the hotel *to* the station
   ホテルの駅までの近さ

3. She sat down **next** *to* me.
   彼女は私のいちばん近くに座った。

4. The hut is **close** *to* [not ×*from*] the lake.『ジーニアス英和辞
   典　第 4 版：367』　小屋は湖のすぐ近くにある。（筆者訳）

5. His house is **adjacent/ close** *to* the gym.
   彼の家は体育館のすぐ近くにある。

85

6. The hotel stands in close **proximity** *to* the sea.
　ホテルは海のすぐ近くに立っている。

7. Her story is **approximate** *to* the truth.
　彼女の説明は真実に近い。

8. My house is **convenient** *to* the shopping district.
　私の家は商店街に近くて便利だ。

　「近い」などは転義することが多い。「近い」の場合、心の近さは「…しそうに」や「親密な、親しい」に転義する。形状などが近いと「よく似た」に転義する。「類は友を呼ぶ」ため、このような語と to は離れていても結びつきが分かる (例文 10)。また、like や kind などは逆方向へ転義して「小さな隔たり・近さ」を表す語と見做される。

9. She was **near/ close** *to* crying.
　泣きだしそうであった。(彼女の心は泣くことに近かった)

10. Nylon is the **nearest** thing that we have invented *to* silk.
　ナイロンは我々が発明したもので絹に最もよく似ている。

11. His brother has a faint **resemblance/ likeness** *to* his father.　彼の弟は父親にほんの少し似ている。

12. They **likened/ compared** the rock *to* a colt.
　その岩を子馬になぞらえた。

13. My brother is not **comparable** *to* [*with*] me in temperament.　僕の弟は気質が僕とは似ていない。

14. Pity is **akin** *to* love.　哀れみは恋に似ている。《ことわざ》

15. This hat is **similar** *to* my brother's.
　この帽子は弟のものと似ている。

16. Some people say that death is **analogous** *to* sleep.
死は睡眠に似ていると言う人もいる。

17. Do they sell soap that is **kind** *to* the skin at that store?
あの店では肌にやさしい石鹸を売っていますか。

18. We must be **kind/ good/ nice** *to* other people.
我々は他人に親切にしてあげなければならない。

19. She was always **attentive** *to* the old man.
彼女はその老人にいつも親切であった。

20. They were not **sympathetic** *to* my proposal.
彼らは私の提案にあまり好意的ではなかった。

21. They were **friendly** *to* the newcomer.
彼らは新来者に親切にしてあげた。

22. I felt a sense of **closeness** *to* the newcomer.
私はその新来者に親しみを感じた。

　心が離れると「よそよそしい」などになり、形状などが離れると「異なる」になる。異なる度合いが強くなると「対照的」になる。大きな隔たりは from と連携するが、比喩的、抽象的な場合は to と連携する。

✧　Their base camp was **remote** *from* any human habitation.
彼らのベースキャンプは人里から遠く離れていた。

✧　These two words are **poles apart** *from* each other in meaning.　二つの語は意味の上で非常にかけ離れている。

✧　The town is very **distant** *from* London.
その町はロンドンから遠く離れている。

✧　His opinion is **different** *from* mine. 《米》
彼の意見は私の意見から隔たりがある。（私のとは異なる）

✧ His opinion is **different** *than* mine. 《米》

彼の意見は私の意見から隔たりがある。

23. His opinion is **different** *to* mine. 《英口語》

彼の意見は私のとは隔たりがある。

24. She acts **distant** *to* him on purpose.

彼女は彼にわざとよそよそしくする。(比喩的)

25. Not all people are **cold** *to* [or *toward(s)*] foreigners.

だれもが外国人によそよそしい訳ではない。

26. Don't be **cruel** *to* your stepson.

継息子につらく当たってはいけない。

27. She is a sharp **contrast** *to* her mother.

彼女は母親とはずいぶん違う。(比喩的)

　「小さな隔たり」と同じ性質を持つ「to (tó) ＝ から少し離れて」
は不定詞を伴って、すぐにも届きそうな事がらを示せる。
「about 20 ＝ 約 20」は「20 に近い」を表す。従って、about は
「…しようとしている」や「…しそうだ」を表せる。Stand や
make も同様の働きをすることが出来る。

28. We were **about** *to start*.

出発することに近かった。(出発しようとしていた)

29. The big tree is **ready/ about** *to fall*.

その大木は倒れそうである。

30. It is **unlikely/ not likely** *to rain*.

雨になりそうにはない。

31. It **threatens** *to snow*.　雪になりそうだ。

32. John **threatened** *to close* the newspaper.

ジョンはその新聞をすぐ廃刊にするぞと脅した。

33. I'm **willing** *to help* her. 喜んで彼女を手伝います。

34. She **stands** *to gain* a big profit from the trade.
    彼女はその取引で大きな利益を得ることになりそうだ。

35. I **made** *to answer*, but she stopped me. 《文語》
    私は答えようとしたが、彼女が私を止めた。

　助動詞 is や are などで …ing を助勢する進行形は、しばらく続いているがずっと続くわけではないことを表す。変動動詞の go や come には到達点が内在する。それを進行形にして変化や移動の途中であること、終点までの到達が「近い」ことを表せる。類例には on one's way to do もある。

36. He is **coming** *to comprehend* the significance of the discovery.
    その発見の重要さをもうすぐ理解するようになるだろう。

37. It's **going** *to snow*. 　雪になりそうだ。

38. We were **on our way** *to meet* our son-in-law.
    我々は婿に初めて会いに行く途中だった。

　Quick は時間的な隔たりが小さいことを表し、slow はその逆を表せる。

39. He was **slow** *to speak*, but **swift** *to act*.
    口は重いが行動に出るのは速かった。

40. She is **quick** *to laugh* and **slow** *to take offense*.
    彼女は笑うまで時間がかからず腹を立てるまでは時間がかかる。(すぐに笑うがあまり腹を立てない)

41. They are always **prompt** *to obey* orders.
    彼らはいつもすぐ命令に従う。

「安易さ＝ease」の語源は〔ラ *adjacens* ADJACENT〕『小学館ランダムハウス英和大辞典:835』まで遡る。その「近い」は発展して「easy＝容易な・しやすい」になった。「手間がかからない」や「金がかからない」なども「近い、容易な」と同様に扱える。「時間がかかる」を距離に換算すると「遠い」になって「難しい」に発展する。反対に「遠い」は「時間がかかる・難しい」になる。

また、impossible も「難しい」になる。

42. The problem is **easy** *to solve*.
   その問題は解決されることに近い。（解くのが易しい）

43. The reason he cut his class is not **far** *to seek*.
   欠課した理由は捜し出すまでに時間は掛からない。

44. This motion picture was **expensive** *to make*.
   この映画は完成するまでに多大な経費がかかった。

45. An application system is immensely **time-consuming** *to build*. 応用システムは構築するまでにすごく時間がかかる。

46. Our used cars are **cheap** *to buy*.
   我々の中古車は安く買える。

47. The machine is **simple** *to operate*, and **economical** *to run*.
   その機械は操作が簡単で稼働させるのも経済的である。

48. This is a **difficult** problem *to solve*.
   解くのが難しい問題だ。（解くまで時間のかかる問題だ）

49. The sad news was **hard** *to swallow*.
   その悲報は信じがたいものだった。

50. She is **impossible** *to get along* with.
   彼女とはうまくやっていくのが難しい。

✧ It would go **near** *to* breaking her heart. (昔は不定詞も用いた)
　心を引き裂くところまで近づくだろう。(心を引き裂きそうだ)

　距離や時間の長さで隔たりを表現しその到達点を to + 名詞で示すことが出来る。To は不定詞を従えることもある。

51. **ten minutes** *to* three o'clock　3 時まで 10 分(3 時 10 分前)
52. It's **half an hour** *to/ till* dinner.　夕食まで半時間だ。
53. It's only **a little way** *to* the art museum.
　美術館まではわずかな道のりだ。
✧ He lived in a hut some **miles** [**very distant, a long way**]
　from the nearest town.　一番近い町から数マイルある
　(遠く離れた) 小屋に住んでいた。
54. The journalist had only **a few hours** *to report* the story.
　その記事を報告するまでたった二、三時間しかなかった。

3.1.1. 比較、比率

　昔は月と木星のように遠く離れた物の大きさを正当に比較することはできなかった。離れ過ぎているからである。比較する場合、昔は対象物を近くに置いて類似点や相違点を明らかにした。比較を表す compare は liken や equal と同義になれる。
　比較には「の近くに」の性質があるため、同じ性質を持つ to (tó) も対象物の「近さ」を示す性質を持つ。(to = near = 近い)

1. Don't **compare** me *to* [*with*] your brother.
　私を君の兄さんと (の近くに置いて) 比較するのはよせ。
2. Your frustration pales **in comparison** *to* [*with*] theirs in
　Fukusima.
　君の欲求不満など福島の人々のものに比べると色あせるよ。

3. The cold in Tokyo is **nothing compared** *to* [*with*] that in Asahikawa. 『アンカーコズミカ英和辞典: 1268』
   東京の寒さなど、旭川に比べれば物の数ではない.

　「比率」を表す proportion は pro-(＝賛成)を含み、やはり「極めて近い」性質を持つ。それと同じ性質を持つ to (tó) は比率の対象になるものを示せる。

4. The **proportion** of boys *to* girls in this school is three *to* two. 『ジーニアス英和辞典　第4版: 1533』
   この学校の男女の比率は 3 対 2 だ.

5. They receive payment **proportionate** *to* working hours.
   労働時間に相応した報酬を受け取る。

6. A is directly/ inversely **proportional** *to* B.
   A は B に正比例する／反比例する。

　前置詞 than や but は「隔たり・離れて」を表すが、その than を「小さな隔たり」を示す before で置き換えることも出来る。故に、than は to 不定詞を従えて比較を表すことが出来る。また、比較は「小さな隔たり」を示せる接続詞 than を用いても表すことが出来る。

✧ sat *before* the fire 火から少し離れて前に座った (空間的)

✧ Shake well *before* using.　(時間的)
   ご使用 (の少し) 前によく振って下さい。(瓶などの注意書き)

7. You should have known **better** *than to quarrel* with her.
   喧嘩なんかすることよりもっとましなことを知っておくべきだった。(彼女と喧嘩なんかすべきではなかった)

✧ I will die *before* [= *rather than*] I submit.　(than は接続詞)
   降伏するくらいならむしろ死ぬつもりだ。

3.2. 隔たりゼロ・同等

　隔たりが大きいと相違になり、小さいと類似になる。極限ま
で小さくして「隔たりゼロ・接触」にすれば「同等」になる。
故に、「隔たりゼロ・接触」の性質を持つ先行語と同じ性質を持
つ to は「= the same as = と同じに」を示す。

　実は「小さな隔たり・極めて近い」と「隔たりゼロ」を同一
語で表している語がある。『小学館ランダムハウス英和大辞典』によ
ると、Correspond には「一致する」と「類似している」がある。

1. The arms of an octopus **correspond** *to* the legs of a horse.
   タコの腕は馬の脚とほぼ同じである。

2. Her theory **corresponds** *to* reality.
   彼女の理論は事実と一致する。

3. Their actions were **tantamount** *to* revolt.
   彼らの行動は反乱に(ほぼ)等しかった。

　抽象的な表現「同等」を「隔たりゼロ」として捉え、それと
同じ性質を持つ to で「何と同等であるか」を示す例文は多い。

4. One mile is **equal/ equivalent** *to* 1,760 yards.
   1 マイルは 1,760 ヤードに等しい。

5. License shouldn't be **equated** *to* liberty.
   放縦が自由と同一視されることがあってはならない。

6. The building was **identical/ equal** *to* the next one on the
   left.　　その建物は左隣の建物と全く同じであった。

7. There are many stars **comparable** in size *to* the sun.
   大きさの点で太陽に匹敵する星はたくさんある。

8. We must **match** our actions *to* our social norm.

行動を社会規範に合わせなければならない。

✧ make a fine **match** *for*

『小学館ランダムハウス英和大辞典: 1668』

の結婚相手としてふさわしい (対等、似合いの for)

✧ It is not *for* queens to go in rags.　(似合いの for)

ぼろを着ているのは女王に似合わない (ふさわしくない)。

9. She doesn't **fit** her action *to* her words.

自分の行動を自分が言うことに合わせない。(言行不一致)

10. They **agreed** *to* a cease-fire.　休戦に同意した。

11. We can't **subscribe** *to* your view.

君の意見に賛成することはできない。

12. I **consented** *to* the project.　その計画に同意した。

「同等」と同じ性質を持つ to は不定詞を従えて「どういう事がらと同等であるか」を示す。不確実な同等も同じ扱いにする。

13. She **agreed** *to pay* the price for the domestic articles for cash. 彼女は家庭用品の代金を現金で払うことに同意した。

14. We arrived at an **agreement** *to buy* the house.

その家を買うことに合意した。

15. She **consented** *to go* fishing with him.

彼と一緒に釣りに行くことに同意した。

16. He **assented** *to listen* to my side of the story.

こっちの言い分も聞くことに彼は同意した。

17. He **refused** *to concede* defeat in the election.

選挙での負けを認めることに同意しなかった (を拒絶した)。

18. His literary work is **worthy** *to be called* a masterpiece.

彼の文学作品は名作と呼ばれるのにふさわしい。

3.3. 空間的「前後の隔たり／優劣」

　空間的な「後、隔たり」は「下位、劣勢」へ転義する。空間的な「後、隔たり」の性質を持つ先行語と同じ性質を持つ to も「behind = に劣って」になる。

　空間的な「後、隔たり」を表す前置詞を比喩的に用いて「劣勢、下位」を示すことができる。「劣勢」にも裏の意味「優勢」がある。

✧ A dog is **behind** us.
　　犬が少し離れて後ろにいる。(空間的)

✧ He is **behind** his friends in chemistry.
　　彼は化学では友人たちに劣っている。(比喩的)

　逆に考えると「劣勢、下位」は「後、隔たり」を示す。

1. He is **inferior** *to* his friends in chemistry.
　　彼は化学では友人たちより劣っている。(友人たちが優っている)

2. He is **second** *to* none in mathematics.
　　数学では誰にも劣らない。

3. A colonel is **subordinate** *to* a general.　『アンカーコズミカ英和辞典: 1848』　大佐は大将より地位が下である.

4. My brother is **junior** *to* your father in rank.
　　弟は君の父さんの部下だ。

　空間的な「前、隔たり」を表す前置詞を比喩的に用いて「優勢、上位」を示すことができる。　(to = before = に優って)

✧ She sat *before* the fire.　　火の前に座った。　(空間的)

✧ He is *before* his friends in chemistry.
　　彼は友人たちより化学で優れている。(比喩的)

「離れて前・優位」を示す語と同じ性質を持つ to は「何の前か/何より優位か」を具体的に説明することができる (cf. 1.2.)。

5. I **prefer** tea *to* coffee.
   (お茶を離れて前に置く：コーヒーの前に)
   コーヒーよりお茶を優先する。(コーヒーよりお茶が好きだ)

6. Living in poverty is **preferable** *to* making dirty money.
   貧しく暮らす方が不正に金を儲けるより好ましい。

7. Peace and freedom are **prior** *to* everything else.
   平和と自由は他の何ものにも優先する。

8. My younger brother is **senior** *to* me in rank.
   弟は私より地位が上だ。

9. My motorcycle is **superior** *to* theirs in speed.
   私のオートバイはスピードの点で彼らのものに勝る。

3.4. 時間的「前、隔たり」

「前に」で前後関係を表し時間的な「小さな隔たり」も示せる。

✧ Lock the house up *before* going to bed.
　寝る前に家の鍵をしっかりかけなさい。

　Pre- など語形で時系列上の「前に」を表す語もあるし、ready や arrange のようにその内容で「前に」を示す語もある。それと同じ性質を持つ to も「前に」を示せる。但し、時系列上の前後関係は優劣関係に発展しない。(to = pre- = before = の前に)

1. I telephoned him **preparatory** *to* my journey.
   旅行(の前)に先立って彼に電話した。

2. The negotiations came to an end **previous** *to* my arrival.
   話し合いは私が到着する前に終わっていた。

3. The incident happened **prior** *to* his departure.

その事件は彼の出発前に (先立って) 起こった。

4. the **precursor** *to* a catastrophe　大惨事の前兆

5. an incident **antecedent** *to* this war　この戦争に先立つ事件

6. Did you **expect** me *to do* such a thing?

私がそんなことをすると予想していたの。

7. They are **ripe** *to take part* in the contest.

コンテストに参加する用意ができている。

8. All we can do is **wait** for the typhoon *to die down*.

我々にできることは台風がやむまで待つことだけである。

9. We are **preparing** *to go* fishing.

我々は釣りに行く準備をしている。

10. I have **arranged** *to leave* early next morning.

翌朝早く出発する準備を整えた。

3.4.1. 時間的「後」の目的

時間的「離れて前に」の性質を持つ語が人の利益と関わりを持つ時、それと同じ性質を持つ for や to, toward で目的を指定することが出来る。人の目的は心の中にあるため本人以外には分からないし、その実現は未来に於いてのみ可能である。従って、目的は時間的な「離れて後」の性質を持つ。

それに対して、目標や標的、目的地などは外界にある。それは空間的な「隔たり」の性質を持つため第三者にも見える。

前置詞 toward には『2 目的・準備 …』(= のために) がある『小学館ランダムハウス英和大辞典: 2868』。それは「隔たり、未到達」の性質を持ち、「の近くに、の辺りに」などを表せる。それが時間的な隔たりを示す場合には「離れて前に」になる。

✧ They're **saving** money *toward* a new house. (*ibid.*)

新しい家を持つために貯金している.

新しい家を持つ前に準備して貯金をしている。 （筆者訳）

　昔は fore と for は区別せずに用いられていた。For と fore は単純に分離独立したのではなく、分離後も for はその中に fore を格納している。故に、「隔たり」の性質を持つ先行語と同じ性質を持ち「離れて前」や「方向」などを表せる。

　Prepare (*prae-* PRE- 前もって + *parāre* 準備する) は接頭辞も語根も時間的な「前に」の性質を持つ。For や to もそれと同じ性質を持つ。従って、次の二つの例文は全く同じ意味を表す。

✧ The pilot **prepared** *for* touchdown.

1. The pilot **prepared** *to touch* down.

パイロットは着陸する前に前もって準備を整えた。

　In order には「前もって支度が整って」もある。それは時間的な「離れて前に」の性質を持つため、その後に来る for も同じ性質を持ち、「fore = before = の前に」になる

✧ Everything is **in order** *for* the departure. 『小学館ランダムハウス英和大辞典: 1915』　　出発の準備万端整っています.

出発を前に(のための)準備は全て整っている。(筆者訳)

　その in order で to 不定詞の to を補強して「目的」を強調することもある。その in order to は後に続く不定詞が「利益・ため」になる内容を示す場合にのみ登場する。

2. The pilot did his best ***in order** to make* a belly landing.

パイロットは胴体着陸する ために最善を尽くした。

昔は「前に」を表す "for" で to 不定詞の to を補強し、「前に」を重ねることによって「目的」を強調していたが、"early in the thirteenth century" には廃れた。しかし、"popular Irish English" や "English popular speech" には、それが残っている (Curme: 193)。

3. They pressed upon him **for** *to touch* him.

    [古・方言]『小学館ランダムハウス英和大辞典：1034』
    彼らは皆,イエスに触れようとして押し寄せた＜[聖書] *Mark* 3:10＞.

Necessary などは prerequisite と同じように働ける。次の最初の例文で明らかだが、パスポートは海外旅行に出かける前に「前もって確保しておかねばならない」と necessary で明らかにしている。For も「の前に」を表せるため連携して働く。For は事物の使用目的や存在目的を明らかにするために用いる。

✧ A passport is **necessary** *for* a journey abroad.
    パスポートは海外旅行のために必要である。
    （旅券は海外旅行の前に前もって確保しておかなければならない）

✧ Good health is a **prerequisite** *for* a happy life.
    健康は幸せな人生を送るための前提条件である。

✧ These books are **indispensable** *for* learning mathematics.
    これらの本は数学を勉強するためには必要不可欠だ。

✧ Water is **essential** *for* the maintenans of life.
    生命を維持するためには水が必要不可欠だ。

✧ This course is **compulsory/ obligatory** *for* graduation.
    このコースは卒業するためには必修である。

✧ Lots of time and patience were **needed/ required** *for* taming the wild horse.

野生馬を飼い馴らすには多大な時間と忍耐が必要であった。

✧ **must** subjects *for* graduation

卒業するための必修科目（卒業前に修得しておくべき科目）

　時間的な「離れて前に」の性質を持つ先行語と同じ性質を持つ to は不定詞を従えて目的を示すことが出来る。

4. He is **ready** *to go*.

出かける前の(ための)用意はできている。

5. The troops were **fit** *to fight*.『アンカーコズミカ英和辞典: 692』

隊は戦闘準備が整っていた.

6. We worked out a **plan** *to go* on a hike.

ハイキングに行く前に (ために) 前もって計画をたてた。

7. I **aim/ intend** *to buy* a summer house in Canada.

私は夏の別荘をカナダに買おうと計画している。

8. He **purposed** *to destroy* evidence.

証拠を隠滅しようと企てた。

9. I'm **waiting** *to go* with Tom. 出掛けるために待っている。

10. We are **ripe** *to go* out with you.

一緒に出掛ける (機は熟して) 準備は万端整っているよ。

11. Sleep is **necessary** *to be* healthy.

健康であるためには睡眠が必要不可欠だ。

12. Tolerance is **requisite** *to have* a happy marriage.

幸せな結婚生活をするためには寛容さが必要不可欠である。

13. A good light is **needed** *to read* a book written in tiny lettering.　小さな文字で書かれた本を読むためには十分な照明が必要だ。

Must には『1《義務・必要・…》…しなければならない，する必要がある』もある『小学館ランダムハウス英和大辞典』：1784。

14. We **must have** courage and water *to survive*.
   生き延びるためには水と勇気を持っておく必要がある。

15. Boys and girls **must be** honest *to be trusted*.
   信頼されるためには正直でなければならない。

16. You **have to hurry** *to get* to the show on time.
   ショーに間に合わせるためには急ぐ必要がある。

17. You **ought to leave** now *to arrive* on time.
   時間どおりに着くためにはすぐに出発すべきだ。

18. You **need to have** 100 ideas *to make* a discovery.
   ひとつの発見でも成し遂げるためには百個のアイディアを持っておく必要がある。

19. There's no **need** *to start* a fuss.
   騒ぐこともないだろう。(騒ぐために必要なものはない)

20. Their effots **took** years *to bear* fruit.
   彼らの努力は実を結ぶのに(までに・前に)何年も要した。

21. It **required** three years *to complete* the tower.
   塔を完成するのに (完成するまでに・前に)3年要した。

22. We **must** have air and water *in order to live*.
   生きるためには水と空気を持っていなくてはならない。

23. *In order to build* a sky-high tower, we **must develop** a large tract of land.　天まで届くような高い塔を建てるためには、広大な土地を造成する必要がある。(強調構文)

I have to say などを省略して to 不定詞の部分だけ残し、条件を示す変則的な用法 (慣用表現) もある。

24. *To be frank* with you, [I have to say] I don't like him.
　　率直に言えば、私は彼が好きではない。

　　((隠し事をしないために (言う必要がある)、彼が気に入らないと))

　但し、must が推測を表し「…に違いない」を意味する場合、後に続く to 不定詞はその推測、判断の控えめな根拠を示す。

25. The man **must be** stupid *to say* such a thing.
　　そんなことを言うなんてその男はバカであるに違いない。

　Competent などは「必要な能力がある」ことを示す。

26. She is **competent** *to manage* the company.
　　彼女にはその会社を経営する(のに必要な)能力がある。

27. He doesn't have the **competence** *to test-fly* an airplane.
　　試験飛行を行なうのに必要な能力はない。

28. He's not **qualified** *to perform* an autopsy.
　　彼には検死解剖するのに必要な技能はない。

29. Hard practice **fitted** her *to be* a pianist.
　　懸命に練習してピアニストになるのに必要な技能を修得した。

30. She is **fit** *to take care of* your old mother.
　　あなたのお母さんを世話するのにふさわしいですよ。

31. We know the **proper** dosage of medicine *to prevent* the recurrence.
　　再発を防ぐのに適する(のに必要な)薬の量を知っている。

32. She had no words **appropriate** *to express* her deep grief.
　　深い悲しみを表すのにふさわしい言葉が見つからなかった。

33. He is not **suited** *to be* a carpenter. 大工になる適性はない。

34. She isn't **suitable** *to deal with* such a difficult situation.
　　彼女はその様な難局を処理するのに適していない。

102

Occasion や time も「適している時」の意味で用いられることがある。Moment や place なども同様に用いられる。

35. We had no **occasion** *to gather* a great harvest of corn.
コーンが大豊作になる(のに適した)好機に恵まれなかった。

36. I wanted to give them a **chance/ opportunity** *to shine.*
彼らにも輝く(のに適した)絶好の機会をあげたかった。

37. This is neither the **time** nor the **place** *to discuss* compensation. 今は補償の話など議論するのにふさわしい時でもないし、それにふさわしい場でもない。

38. This isn't the **moment** *to argue.*
今は議論するのにちょうど良い時ではない。

39. Now is the **right** time *to act.*
今が行動にうって出るのにちょうど良い時だ。

40. The apple is **good** *to eat.*
そのリンゴは食べるのに適している。(食べておいしい)

41. He is **well equipped** *to deal with* this kind of problems.
この種の問題に対処するのに必要な力が備わっている。

42. **too** old *to be* a soldier　兵士になるには年を取り過ぎだ

「十分な＝enough」は有り余るほどではなく、必要なだけはそろっていることを意味する。それと同じ性質を持つ「for＋名詞」や「to 不定詞」は necessary *for* [or *to do*] と同じになる。

✧　They had **enough** money *for* a tour of Kyoto.　(目的の for)
京都旅行をするために必要なだけのお金はあった。

✧　There is **sufficient** food *for* ten people.『小学館ランダムハウス英和大辞典: 2709』 十人が食べるのに必要な食べ物はある.

43. My old-age pension is **enough/ sufficient** *to live on.*

103

私の老齢年金は暮らしていくのに必要なだけはある。

44. They had **enough** money *to take* a world cruise.
世界一周の船旅をするのに十分な金があった。

45. Their retirement pension is not **adequate/ enough** *to cover* their living expenses.
彼らの退職年金は生活費をまかなうのに十分ではない。

46. The evidence will **suffice** *to prove* his innocence.
その証拠があれば彼の無実を証明するのに十分だろう。

✧ She is **insufficient** *for* the task. その仕事には不適任だ。

47. His repeated warnings were **insufficient** *to prevent* the attack.
繰り返した警告もその攻撃を回避するには不十分だった。

48. We cannot **afford** *to buy* the house.
我々にはその家を買うのに十分な資金がない。

49. We arrived at the station **in time** *to catch* the train.
列車に間に合うのに十分早い時間に駅に着いた。

50. **scant** evidence *to support* his opinion
彼の見解を裏付けるには証拠が不十分

Able は「十分な能力がある」ことを示す。

51. She was **able** *to memorize* pi to 20 decimal places.
円周率を小数点以下 20 まで暗記する十分な能力があった。

52. Money alone does not **enable** us *to live* a happy life.
金だけで幸せな人生を送るための十分な力は得られない。

53. I don't have an unordinary **ability** *to read* your mind.
私には君の心を読むのに十分な並外れた能力などない。

「…に耐えられる」は「…に十分な力がある」ことを意味する。

104

昔は sustain to do もあったが、現在は bear, abide, endure などが用いられる。

54. We could not **endure/ bear** *to hear* [or *hearing*] the children scream with severe pain.
　　子供達が激痛で泣き叫ぶのを聞くのには堪えられなかった。

55. I can't **abide** *to be hindered* in my work.
　　仕事を邪魔されるのには耐えられない。

3.4.1.1.a. 意図的動作と目的（1）

　意図的な動作は将来の事がらを目的として設定し、それを実現するための「準備行為」である。意図的な動作は「離れて前に」の性質を持つため、それと同じ性質を持つ to も「pre- = before = toward = の前に、のために」 になる。「前に」には裏の意味「後に」もあるため、抽象化した名詞を続けて「後 (将来)に」来る目的を示せる。

1. She **sat** down *to* dinner.
　　彼女は夕食のために (の前に) 席に着いた。

2. They **went** *to* school.　(the を付けないことが抽象化の目印)
　　彼らは学ぶために出かけた (学校へ)。

✧ They **went** *to the* school on Sunday.
　　彼らは日曜日に学校へ行った (遊ぶために)。

3. They **came** *to* the rescue of slaves. (the 付きでも抽象的)
　　彼らは奴隷たちの解放のためにやって来た。

　昔から意図的動作と同じ性質を持つ to は不定詞を伴って「後(将来)に」実現したい目的を示してきた。

　日本語では利益を表す「ため」で「に」を補強し「ために」の形にして、「利益・目的」を強調している。

4. They **came** *to help* you.　君を手伝うためにやって来た。

5. She is **studying** *to be* a civil engineer.
彼女は土木技師になるために勉強している。

6. The robber **tried** *to escape.*　(try = endeavour)
泥棒は逃げようと努力した。(泥棒は逃げるために頑張った)

✧ The prisoner **tried** *escaping*.
囚人は試しに逃げてみた。　(…ing は終了を示す)

7. We **stepped aside** *to let* a parade pass.
パレードを通すためにわきに寄った。

8. He **works** hard *to support* his large family.
大家族を養うために彼は一生懸命働く。

9. We **have been** downtown *to buy* daily goods.
日用雑貨を買うために繁華街へ行ってきた。

意図的動作は「前置詞+名詞」や形容詞、名詞でも表現出来る。

10. He is **in haste/ in a hurry** *to catch* the last train.
彼は終電車に乗るために急いでいる。

✧ be **in a hurry** *for* a divorce『小学館ランダムハウス英和大辞典:
1313』離婚を急いでいる（離婚しようと急いでいる(筆者訳)）

11. **in an effort** *to make* money　お金を儲けるために努力して

12. They were **alert** *to avoid* danger.
危険を避けるために用心を怠らないでいた。

13. He was **careful** *to avoid* meeting his creditors.
債権者に出くわすのを避けるために彼は用心していた。

14. They made great **endeavors** *to maintain* world peace.
彼らは世界平和を維持するために多大な努力をした。

15. an **action** *to keep* the peace　平和を維持するための行動

16. They launched a **campaign** *to raise* funds.
    彼らは資金を調達する (ための) 活動を始めた。

17. an **operation** *to perform* a heart transplant
    心臓移植を行なうための手術

18. the **use** of mental hospital *to curb* the activities of the dissidents
    反対派の活動を抑圧するための精神病院利用

19. We took a **walk** together *to discuss* the real problem.
    現実の問題を話し合うための散歩を一緒に行った。

20. We had a **meeting** *to discuss* the effects of the new medicine.
    新薬の効きめについて討論するための会議を行った。

　また、so as や in order, on purpose を to 不定詞の前に置いて目的を強調することがある。庶民的な用法の with a view to do もある。但し、so as to は結果を示す場合にも用いられる。

21. I came here ***on purpose to*** *see* you.
    私は君に会うためにわざわざここに来たのだ。

22. Shut the front door ***in order to/ so as to*** *keep* the mass media out.
    マスコミを締め出すために玄関を閉めなさい。

23. She went to Italy ***with a view to*** *study* (or *studying*) chemistry.　　化学を学ぶためにイタリアに行った。

　「…しないために」は in order not to や so as not to を不定詞に先行させて表現するが、単に not to do にすることもある。

24. She studies hard ***in order not to*** *fall* behind the others.

107

他の人に遅れないために彼女は懸命に勉強する。

25. We **hurried** to the station *so as not to* miss the last train.　終電に遅れないために我々は駅へ急いだ。

26. They were watchful *not to be taken* by surprise.
不意を打たれないために彼らは警戒を怠らなかった。

To 不定詞の前に as if が置かれる場合もある。

27. She gave me a smile, *as if to say* 'Thank you'.
「ありがとう」と言わんばかりに私にほほ笑みかけた。

28. She raised her hand *as if to strike* him.
彼をぶつためであるかのように彼女は手を上げた。

　不定詞の意味上の主語は通常主文の主語と一致するが、そうでない場合には、for... で「意味上の主語」を表し、to 不定詞の前に置くことが多い。格式ばった形なので用例は少ないが、in order for ... to 不定詞にすることもある。[13]

29. I rang **for breakfast** *to be brought up.* (Curme: 343)
朝食を持って来させるためにベルを鳴らした。

30. I stopped the car **for the old man** *to cross* the road.
老人が道を横切れるように車を止めた。

31. We have to wait six months *in order* **for** the house *to be completed.* 家が完成するためには（までには・前に）6 か月待たなければならない。

　他動詞の目的語又は前置詞の目的語と to 不定詞の意味上の主語が一致する場合は、煩わしいため for... を省略する。

---

[13]　14 世紀から for ...で不定詞の意味上の主語を表すようになった (Curme:457)

32. We make our **shoes** to last.

　我々は長もちするように靴を作る。

33. She hired **an old man** *to exercise* her dog.

　彼女は自分の犬を訓練するために老人を雇った。

34. The general dispatched **troops** to the border *to drive back* the enemy.

　敵を追い返すために将軍は軍隊を国境に急派した。

　不定詞の意味上の主語になれる語が主節に存在する場合でも "to remove all ambiguity and make the thought perfectly clear", 改めて for . . . で不定詞の主語を示すことがある (Curme: 343)。

35. The lad had pulled at *his mother* **for her** *to take* notice of him. (*ibid.*)

　母親が自分に気付くようにと彼女の袖を引っ張った。

　目的を表す to 不定詞が文頭に来る場合の to は後続語と同じ性質を持つ。このような強調構文中の to は例外的用法である。

36. *To avoid* bloodshed, they **made concessions**.

　流血を避けるために、彼らは**譲歩した**。

　不定詞が「死ぬ」など、「利益・ため」になるとは言えない内容を表す場合には、目的を表すと解釈できない。その様な状況での to 不定詞は「結果」を表すと解釈する。さらに「残念」の気持ちを only で強調する事もある。また、「for＋名詞」の名詞が「ために」ならない内容を表す場合の for は「に備えて」になる。

37. We **returned** from a package tour *to discover* our house broken into.
   旅行から戻ると我が家が泥棒に入られたことが分かった。

38. I let off a string of curses and **turned** *to see* a young lady standing nearby.
   悪口雑言をわめいて振り返ると、若い夫人が近くに立っているのが見えた。

39. He **went** to Afghanistan *only to die.*
   残念だが、彼はアフガニスタンへ行って亡くなった。

✧ The United States **is bracing** *for* armed protest.
   合衆国は武装抗議行動に*備えて*警備を強化中である。

3.4.1.1.b. 意図的動作と目的（2）

　擬人化された生物や無生物に意図的な動作を行わせ、その目的を to 不定詞で具体的に示すことも出来る。目的を達成したことが明らかな場合には結果を表すと解釈する。

1. Many of the butterflies **remained** there *to feed* on flowers and decaying fruits.
   花と腐っていく果物で生きていくために、蝶の多くはそのままそこに居残った。

2. The dog **was howling** for the baby's mother *to come back* and *take care* of it.
   赤ん坊の母親が戻って世話するようにとその犬は遠吠えしていた。

3. The acid **combined** with the alkali *to form* a salt.
   酸はアルカリと結合して塩になった。

110

文中に人間 (動物) が登場せず、外見上は意図的な動作と関わりがなさそうに見える次のような例文も同様である。裏に隠された意図的動作と同じ性質を持つ to が不定詞を伴ってその目的を明らかにする。

4.　Six schools have **opened** *to train* guide dogs.
　　盲導犬を訓練するために 6 校が開校した。

5.　Helicopters **were waiting** *to ferry* the injured to hospital.
　　負傷者を病院へ搬送するためにヘリが待機していた。

6.　The passenger plane **prepared** *to touch down*.
　　その旅客機は着陸するために準備を整えていた。

7.　The mirror for laser beams **remains** on the moon for astronomers *to see*. (使用目的の for) (意味上の主語を示す for)
　　レーザー光用の反射鏡は天文学者が利用するために月面に残されている。

　「意図的動作と連携して目的を具体的に示す to 不定詞」と解釈するか、「有限的な変化を表す語と連携してその到達点を示す to 不定詞」と解釈すべきかどうか判断に迷う例文もあるが、結果を示すと解釈することも出来る。

9.　They **extended** the town boundary *to take in* the next village.
　　隣の村を取り込むために町の境界を拡大した。
　　隣の村を取り込むところまで町の境界を拡大した。
　　町の境界を拡大して隣の村を取り込んだ。

　意図的な動作を表す語句を省略しても当事者には理解される場合、それは省略される。

10. '*To* your victory!', said his father.

「勝利のために！」（乾杯しよう）と父親は言った。

3.4.1.2. 意図的動作と譲歩

　意図的な動作と同じ性質を持つ to が不定詞を従えて目的を示している筈なのに、そういう解釈では文意がまとまらない場合がある。それを取り繕うために譲歩を表すと解釈する。但し、to save one's life は定形化されて否定文を強化する場合に用いられている。

1.　I **could not get up early** *to save* my life.

自分の命を守るためであっても早起きはできなかった。どうしても早起きはできなかった。

3.4.2. 手段と目的

　『学研国語大辞典』によれば、手段とは「目的をなしとげるのに役立つもの」である。目的のない手段は存在しない。従って、それは目的達成「の前に」前もって準備すべきものである。

　手段には「離れて前」の性質があるため、前置詞 to もそれと同じ性質を持ち、「to (tó) ＝ 離れて前に」になる。

1.　a **means** *to* an end

目的達成<u>の前</u>の単なる**手段**（目的達成の<u>ため</u>の単なる**手段**）

2.　We should not consider the lower class as a **means** *to* the maintenance of the upper class. 下層階級は上流階級を扶養する<u>ため</u>の単なる**手段**だと考えてはいけない。

　To 不定詞で手段に対する目的を具体的に示すことが多い。

3.　harsh **measures** *to end* the rioting

暴動を終わらせるための厳しい手段

4. They had no **means** *to prevent* a recurrence of this disease.
この病気の再発を防ぐ手立てはなかった。

5. There are **mechanical means** *to detect* mines.
地雷を見つけるための機械的手段（装置）もある。

6. This air conditioner has a **mechanism** *to control* the room temperature automatically.
このエアコンには自動的に室温を調節する装置がある。

7. We have the **technology** *to measure* the distance of the Jupiter from the sun accurately.
太陽から木星までの距離を正確に測定する技術がある。

8. She had the **know-how** *to hack into* the bank's computer.
銀行のコンピュータに不正侵入する技術があった。

way や how は転義して「方法」になり手段を表せる。

✧ a **method** *for* correcting malocclusions　（目的の for）
不正咬合を矯正するための方法

9. **steps** *to prevent* misunderstandings
誤解を防ぐための方策

10. I knew **how** *to accomplish* it.
私はそれをやり遂げる（ための）方法を知っていた。

11. a good **way** *to wipe out* mosquitoes
蚊を退治する（ための）良い方法

3.4.2.1. 道具、器官、薬品などと目的

鋸や道具も手段の一つになる。それが役に立って「後にくる目的」を達成することが出来る。従って、道具も「離れて前に」の性質を持つ。前置詞 to もそれと同じ性質を持ち、不定詞を従えて「後にくる目的」を具体的に示すことが出来る。

ハンマーは物を打ち付けるために作られているため、それがハンマー特有の用途や使用目的になる。

同じ関係が道具などと前置詞 for の間にも生じる。参考例文 ✧ のように for …ing で使用目的を示す方式が併存する。

✧　These books are **useful** *for* studying chemistry.
　　これらの本は化学を学ぶのに役立つ。(目的の for)

1.　The dictionary is **useful** *to know* the true meaning of the word.　その辞典は言葉の真の意味を知るのに役立つ。

✧　The place is **convenient** *for* camping.
　　『アンカーコズミカ英和辞典：398』
　　その場所はキャンプをするのに便利で役にたつ。(筆者訳)

2.　The park is a **convenient** place *to meet.*
　　その公園は会うのに便利で役にたつ場所だ。

✧　We had no **kettle** *for* boiling water.
　　お湯を沸かすためのヤカンが無かった。

✧　a **hammer** *for* driving nails (使用目的の for…ing)
　　釘を打ち付けるためのハンマー (杭を打つハンマーもある)

✧　an **instrument** *for controlling* temperature
　　温度を調節するための器具

✧　**implements** *for* surgery　手術のための道具

3.　an **instrument** *to control* temperature
　　温度を調節するための器具

4. as a **tool** *to hide* the truth 真実を隠すための道具として

5. The robot has **sensors** *to detect* changes in temperature. そのロボットは温度変化を感知するための感知器を持つ。

6. a **weapon** *to defend* one's reputation
   自分の名誉を守るための武器

7. **thread** *to sew up* a rent ほころびを縫いあわせる糸

8. **glue** *to stick* two things together
   二つのものを繋ぎ合わせるための糊

9. We want to find out **the silver bullet** *to pierce* the heart of the problem. 問題を根本的に解決するための魔法の弾丸を見つけたい。

10. lightweight **batteries** *to power* portable CDs
    携帯用 CD に電力を供給するための軽量バッテリー

11. Personal computers have **internal fans** *to dissipate* the heat.
    パソコンには熱を消散させるための内部扇がある。

12. a **facility** *to produce* kitchen equipment
    台所用品を生産するための施設

13. a new **drug** *to arrest cancer*
    癌の進行を食い止めるための新薬

14. a **smoke screen** *to hide* one's shortcomings
    自分の欠点を隠すための煙幕

15. The room has the **blinds** *to shut out* the light.
    その部屋には光をさえぎるためのブラインドがある。

16. I found the **switch** *to turn on* the light.
    明かりをつけるためのスイッチを見つけた。

17. He that has **ears** *to hear*, let him hear. ([聖書] *Mark* 4: 9 qtd. in『小学館ランダムハウス英和大辞典』: 832)
聞く耳のある人は聞きなさい.

18. have an **eye** *to see* 見るための目がある(観察力がある)

✧ have an **eye** *for* beauty
審美眼がある (目的を示す for)

人間を道具、手段として利用する場合もある。

19. They had **slaves** *to do* household chores for them.
彼らのために家事をする（ための）奴隷がいた。

20. They had the **personnel** *to develop* the sensors for monitoring changes in the atomosphere.
大気の変化を監視するセンサーを開発する職員がいた。

3.5. 欠乏・不足

　ある部分が欠けているということは、その部分が全体と「つながっていない・離れている」ことを意味する。不足・欠乏の本質は「離れている」であるため、それと同じ性質を持つ前置詞 of や for、from なども「離れて・…から」を表す。

　現代英語の前置詞 of や for は単独で独自に「つながり」を表せるが、「隔たり」を単独で示すことはできない。「隔たり」を表せるのは、「隔たり」の性質を持つ先行語の後にある場合だけである。To も同様である。

　単独で「つながり、接触、関連」を表す of や for, to の例。

1.　his story *of* the incident　（関連を示す of）
その事件に関する彼の陳述

2. If it had not been *for* your advice, I could not have suc-
   ceeded. 君の助言につながっていなかったら、成功できな
   かっただろう。 （つながり、関連の for）

3. Montana is *to* the south *of* Canada. (to は接触を表す)
   モンタナ州はカナダの南部に隣接している。

「隔たり」の性質を持つ先行語と同じ性質を持ち、「…から離
れて」になる of, for の例を示す。副詞 west などは「向き」と
「隔たり」両方の性質を持つ。それで、副詞 west の後ではその
根底にある「隔たり」が of に格納されている off を呼び出す。

4. The island is **west** *of* this town. 『アンカーコズミカ英和辞典:
   2100』 島はこの町から離れた西の方にある。(筆者訳) (of ⇒ off)

5. **cure** [or **heal**] a child *of* a cold
   『小学館ランダムハウス英和大辞典: 661』 子供の風邪を治す
   （子供を風邪から分離する）（分離の cure が off を呼ぶ）

6. **except** *for* = **apart** *from* （cf. 1.4.）（分離の for, from = off)
   …以外は、を除いて ＝ …から離れて （for = from)

7. The event **removed** the scales *from* my eyes. (from ⇒ off)
   その出来事は目から鱗を取り除いた。(自分の誤りに気づいた)

不足・欠乏を表す語が「友を呼ぶ」と同じ性質を持つ「off や
fore = …から」を呼び出す。それで of や for は off, off になる。

8. An inch **shy** *of* seven feet. (of ⇒ off)
   7 フィートから 1 インチ欠けている。(1 インチ不足である)

9. We are **short** *of* water. 水が不足している。(水から離れている)

10. a street **barren** *of* vegetation
    植物の欠けた (の無い) 通り （植物から離れた通り）

11. The boy does not **want** *for* abilities. (for = fore = off)

117

少年は能力が欠乏している(から離れている)のではない。

12. You shall **want** *for* nothing.

君に不自由はさせない。（君には何一つ不足させはしない）

不足を表す lack や want などの本質は「隔たり」である。それと同じ性質を持つ to も「隔たり、から」を表す。その to に支配される名詞や不定詞は到達していない「満ち足りて満足な状態」を明らかにする。

13. It **wants** 5 minutes *to* 10 o'clock.

10 時から 5 分不足している。（10 時 5 分前である）

14. He **lacks** three votes *to win*.『小学館ランダムハウス英和大辞典: 1504』 彼が勝つには 3 票足りない（勝利から 3 票離れている）

3.5.1. 欲望・願望

ある部分が欠けていてそれに我慢できないとなれば、それを解消したいという願望へ発展する。願望・欲望は欠けた部分（隔たりのある部分）への到達を思い描くことを意味する。

欲望・願望を表す語も「隔たり」の性質を持つ。前置詞 to もそれと同じ性質を持つようになるが、それを解消したいという性質も引き継いで「つながりたい、到達したい」を表すようになる。その結果、前置詞 to は不定詞を従えて「到達したい事がら」を示せる。前置詞 of や for もその性質を受け継ぐ。

Desire の語源については諸説あるが、『*de-* = away, off』を示す接頭辞で、『*sire* = *sīdus* 』は「天体, 星座」だと言う[14]。その用例から見て「星座のように離れて」を表す語であったと考えられる。その desire は物理的な「隔たり」を表すと感じら

れる場合は of を対応させる。それを否定した「離れていること
には我慢ならない」に変化すると「どうしても…につながりたい」
へと発展して強い欲望を表す語になった。同様に、「欠けている」
を表す want も反転して「望む」として用いられる。やがて、
desire も wish や ambition のように抽象的に欲望・願望を表す
語だと認識され for と連携することが多くなった。連携する前
置詞 for も抽象化した性質を示すようになり「…を求めて・…
につながりたい」に転義する。

　Dying や thirsting, ache, itch などは「満ち足りて幸せな状態」
から「離れて」いることを比喩的に伝える。それらの語が先行
語になると to や for も同じ性質「離れて」を持つようになる。

◇　We are **desirous** *of* peace. (of ⇒ off)
　平和から星ほども離れている（ことには我慢ならない）。

◇　He has a **desire** *for* promotion. (求めての for)
　彼には昇進を求める強い欲望がある。
　彼は昇進につながりたい（を熱望している）。

◇　She had an **ambition** *for* fame.
　彼女には名声を求める大望があった。

◇　She **wished** *for* the diamond.
　彼女はそのダイヤモンドが欲しいと思った。

◇　I'm **dying** *for* a glass of water.
　一杯の水を飲みたい。（水から離れて死にかけている）

◇　He has **itch** *for* praise.
　ほめられたくてたまらない。（賞賛から離れてかゆい）

1.　We **desire** *to return* home. 家に帰りたくてたまらない。

2.　He **wants** *to see* you. 彼は君に会いたがっている。

3.　I **wish** *to travel* to the moon. 月へ旅してみたいと思う。

4. We **hope** *to see* you again. またお会いしたいですね。

5. He **aspires** *to be* a home-run king.
   ホームラン王になりたいと熱望している。

6. We're **dying** *to see* home. 故郷を見たくてたまらない。
   (故郷を見ることから離れて死にかけている)

7. I'm **itching** *to go* to the concert.
   コンサートに行きたくてたまらない。

8. He **ached/ pined** *to see* her again.
   彼女にまた会いたくてたまらなかった。

9. She was **thirsting** *to hear* the news of her family.
   彼女は家族の消息を聞きたくてたまらなかった。

10. He **panted** *to see* her. 彼女に会いたくてたまらなかった。

11. He **burned** *to speak* out against military government.
    彼は軍政反対をぶちたくてたまらなかった。

12. She **longs/ yearns** *to be* an artist.
    彼女は芸術家になりたがっている。

13. I **like/ love** *to watch* the news on TV.
    そのニュースをテレビで見たい。(like/ love と *watch* には時差あり)

✧ I **like/ love** *reading* books. (like/ love と *-ing* には**時差なし**)
   本を読むのが好きだ。(同時進行を示す…ing)

　「に到達したい」と思っても、それを実現できるのは未来に於いてのみ可能である。過去に遡って実現するのは出来ないため、完了形の to 不定詞を用いると実現しなかった願望を表す。

14. He **wanted** *to have stayed* at the party, but he had to leave. 祝賀会に残っていたかったのだが、退席しなければならなかった。

120

願望や欲望を表す名詞や形容詞が先行語になる場合も前置詞 to はそれと同じ性質を持つ。

15. She revealed her **desire/ anxiety/ wish** *to go* home.
    切なる帰郷の願いを明らかにした。

16. He succumbed to the **temptation** *to tell* a lie.
    嘘をつきたいという衝動に負けた。

17. She is filled with **eagerness/ thirst** *to go* home.
    故郷へ帰りたい思いで胸がいっぱいになっている。

18. She had a strong **longing/ yearning/ craving/ itch/ hankering/ yen** *to see* her old mother.
    年老いた母親に会いたいと切望していた。

19. She managed to arrest the **impulse/ urge** *to embrace* the calf.
    小鹿を抱きしめたいという衝動をなんとか抑えた。

20. She had a **hunger** *to see* her parents.
    両親に会いたいと切望していた。

21. He had an **ambition** *to be* a great artist.
    彼は偉大な芸術家になろうと熱望していた。

22. She had **aspirations/** high **hopes** *to succeed* in her work.
    彼女は仕事で成功したいと切に願っていた。

23. His **impatience** *to go* out to play was visible.
    彼が遊びに行きたくてうずうずしているのは明白だった。

24. **desirous/ wishful/ eager/ keen/ anxious/ hungry** *to travel abroad*　海外旅行に行きたがっている

25. They are **interested** *to know* which way the typhoon is moving. 台風がどこへ進んでいるか知りたがっている。

26. He is **ambitious** *to be* a writer.

作家になりたいと切望している。

27. He was **greedy/ avid/ impatient** *to be* famous.
有名になりたがっていた。

28. She was **zealous/ ardent/ enthusiastic** *to please* her parents.　彼女は両親を喜ばせることを熱烈に願った。

29. They are **desperate** *to leave* the country.
彼らはどうしてもその国から出ていきたい。

30. They are **loath/ reluctant/ unwilling** *to leave* Okinawa.　沖縄を離れたくない。

3.5.2. 依頼、要請

　願望の実現を他の者に託すれば依頼や要請になる。願望が「隔たりの否定」であるため、依頼・要請は「…につなげて欲しい」になる。依頼・要請と同じ性質を受け継いで前置詞 for や to も「つなげて欲しい」を表す。

✧　**ask** *for* higher wages
昇給を（につなげて欲しいと）要請する

1. I **ask/ beg/ importune** you *to save* their lives.
彼らの命を救ってくださるようお願いします。

2. I **entreated/ implored** him *to come* with me.
いっしょに来てくれと彼に懇願した。

3. They persistently **petitioned** the governor *not to accept* a new military base.
新軍事基地を受け入れないよう知事に粘り強く請願した。

4. She **pleaded** with him *to come* back.
彼女は戻ってくれと彼に懇願した。

5. I **want** you [*or* for you] *to go* at once. 『小学館ランダム
ハウス英和大辞典: 3058』 君にすぐ行ってもらいたい.

6. We **hope** for Tom *to finish* writing (not ×to write) the
novel. トムにその小説を書き上げて欲しい。

7. She **requested** them *to stop* making (not ×to make) a
noise.
騒がないでくれと彼らに頼んだ。

8. I'll **thank** you not *to be* late again. 『アンカーコズミカ英和
辞典: 1912』 頼むから二度と遅刻しないでくれ (やや命令口調).

9. He was **invited** *to join* the team.
彼はチームへの参加を要請された。

10. She **commissioned** him *to paint* a portrait of her
daughter. 彼に娘の肖像画を描いてくれと注文した。

11. An architect's office received a **commission** *to design*
the bridge.
ある設計事務所がその橋梁の設計を委託された。

12. We received hundreds of **requests** *to broadcast* the
program again.
その番組の再放送を求める何百もの要請を受けた。

13. The **appeal** *to contribute* to the fund was well re-
ceived.
基金へ寄付してくれとの要請は快く受け入れられた。

14. I declined an **order** for 3 guns *to be sent* to a gangster.
3丁の銃をギャングに送ってくれとの注文を断った。

15. The students presented a **petition** *to be permitted* to
smoke in school.
校内での喫煙を認めて下さいと請願書を提出した。

16. The prime minister turned down **pleas** *not to raise* the consumption tax. 消費税を引き上げないでくれとの要請を首相は拒絶した。

17. I accepted his **entreaties** *to make* an investment in his business.
彼の事業に投資してくれと要請されてそれを受諾した。

18. Their **call** *to shut* down the country's nuclear power plants has not been accepted yet.
国内の原子力発電所を閉鎖して下さいとの要請はまだ受け入れられていない。

3.6. 命令、勧告

権力などを笠に着て下位の者に「特定の行動までの隔たりをなくせよ」と言うのは命令と解釈される。身分の上下にあまり関係なく「特定の行動までの隔たりをなくしてはいかがですか」と説く勧誘や説得、勧告もある。結局、要請・依頼と命令、勧告が同じ文型で表現されることになっている。

1. He **told** his men *to stop.*
止まることにつながれと部下に言った。(止まれと命じた)

2. The colonel **commanded** his men *to retreat.*
大佐は部下に退却せよと命令した。

3. The police **ordered** demonstrators *to disperse.*
警察はデモ隊に解散するよう命じた。

4. The teacher **directed** his pupils *to come* into the room.
先生は生徒たちに教室に入るよう指示した。

5. The captain **charged** me *to shut up.*
大尉は私に黙るよう命じた。

6. The captain **instructed** us *to abondon* the sinking ship. 船長は沈没しかかった船から退去せよと指示した。

7. The court **required** him *to appear*. 『アンカーコズミカ英和辞典: 1565』 裁判所は彼に出頭するように命じた.

8. The court **subpoenaed** him *to testify* before a grand jury. 大陪審で証言するよう彼に出頭命令を出した。

9. The policeman **enjoined** them *to move back.* 警官は彼らに後退するよう命じた。

10. The other boys **dared/ defied/ challenged** him *to drink* it. 他の少年たちが彼にそれを飲んでみろとけしかけた。

11. He **summoned** a servant *to prepare* a room for a guest.
召使いにお客のために部屋を用意するよう命じた。

12. The teacher **called on/ exhorted** his students *to be* diligent. 先生は生徒たちに勤勉になるよう説いた。

13. We **persuaded/ induced** him *to stop* smoking. タバコをやめるよう彼を説得し、彼に勧めた。

14. The teacher **counseled** me *to take* a physical examination. 私に健康診断を受けるよう勧めた。

15. The doctor **advised/ recommended** his patient *to give up* smoking and drinking alcohol.
患者にタバコも酒も止めるように忠告した。

16. The leader **encouraged/ urged/ motivated** his followers *to fight* for peace. 支持者たちを平和のために戦うよう勇気づけた/動機づけた。（目的・利益の for）

17. I **admonished** him *to stop* reckless spending.
彼に浪費を止めるよう注意した。

18. I **pressed** him *to have* a drink on me.　俺のおごりで一杯やれよと彼に強く勧めた。　(cf. 4.6. 不利益の on)

19. The colonel gave the **order/ command** *to shoot down* the passenger airplane.
大佐はその旅客機を撃ち落とせとの命令を下した。

20. I followed his **directions/ instructions** *to fetch* the car.
車を取って来るようにと言う彼の指図に従った。

21. The judge laid an **injunction** upon her *to stay* at home.
彼女に家にいなさいと指示を出した。

22. She has a strict **charge** *to deliver* the goods within a week.　一週間以内にその品物を配達するよう厳命を受けている。

23. The captain gave the **word** *to start* firing.
大尉は撃ち方はじめの命令を出した。

24. The judge issued a **subpoena/ summons** for him *to appear* in court on Monday.　(※ pl. summonses)
月曜に裁判所に出頭せよとの召喚状を彼に出した。

25. I accepted his **challenge** *to jump* off the bridge.
橋から飛び降りてみろと言う彼の挑発を受けてたった。

26. We gave the boys **encouragement** *to follow* our example. 示した手本に従うよう少年たちを励ました。

　命令に近い要求もある。

27. I **demand** *to know* who is responsible for the incident.
その事件の責任者はだれか教えてもらおう。 [15]

---

[15] ×We demand him to resign.の文型にはせず、that 節を用いて『She demanded that he apologize.と表現する。(…that の文の動詞は原形…)』『アンカーコズミカ英和辞典: 476』

126

3.7. 禁止

禁止はつながりを否定する命令であり、「…につながるな・…から離れていろ」を意味する。禁止を表す語はいくつかあるが、前置詞 from がそれと連携して「何から離れるか」を示すことが多い。Forbid と連携する場合は前置詞 to がその性質を受け継ぐがそれは例外的な用法である。

禁止以外の例文でも、大きな「隔たり」を表す語は from と連携するのに対し、「小さな隔たり」や「つながり」を表す語の場合は to がその性質を受け継ぐ傾向がある。

大きな「隔たり」と連携する from と「近い」や「つながり」と連携する to を再度取りあげる。(from = から離れて)

✧ The log cabin is **close** *to* [not×*from*] the pond.
その丸太小屋は池のすぐ近くにある。

✧ Their base camp was **remote** *from* any human habitation.
彼らのベースキャンプは人里から遠く離れていた。

✧ The checkpoint is **apart** *from* the headquarters.
検問所は本営から離れている。

禁止を表す語と連携する from の例文を取りあげる。

✧ She was **barred** *from* going out with him.
彼女は彼と外出する(彼と付き合う)のを禁止された。

✧ We want to **ban** Ospreys *from* flying over our residential areas.
オスプレイが我々の住宅地上空を飛ぶのを禁止したい。

前置詞 to も「隔たり」を表す語と同じ性質を持てるため、

127

禁止を表す語と連携し「何から離れる」かを示しても異論はない。しかし、to 不定詞と from …ing のどちらと連携するかとなると、現在では from …ing にすることが圧倒的に多い。離反は from …ing で明確に表現し、つながりは to 不定詞で表現したい。その流れが定着して、禁止を表す語と連携する to が不定詞を従える用法は勢力を失い、現在では forbid . . . *to do* や prohibit . . . *to do* で使われているに過ぎないが、prohibit の後では from …ing になることが多い。

✧ Our school **prohibits** us *from* smoking on school grounds.
我が校は我々が校内で喫煙するのを禁止している。

1. We are **prohibited** *to camp* in this area.
この地域ではキャンプすることが禁止されている。

2. They were **forbidden** *to take part* in the research project. その研究プロジェクトへの参加を禁止された。

昔は禁止を表す語と同じ性質を持つ to が不定詞を伴ってそれを補完することができ、**bar** . . . *to do* などもあった。
命令は to と連携し、禁止は from と連携する（forbid を除く）というのが現代英語のルールである。命令と禁止の両方とも表せる enjoin の場合は、このルールで混乱を防いでいる。後に to が付くと命令になり from が付くと禁止になる。

3. He was **enjoined** *to stay* at home.
家にいるよう命じられた。

✧ The judge **enjoined** him *from* pirating the trademark.
裁判官は彼が商標を盗用するのを禁止した。

但し、前置詞 from や to を用いない例文もあって少しややこしくなるが、禁止は AmE.でも法律用語としてのみ用いられるのでそれを念頭に置いて判断する。

✧ **enjoin** a protest march　　抗議の行進を禁じる
✧ The teacher **enjoined** silence on the pupils.
　先生は生徒たちに静かにしていなさいと命じた。

3.8. 到達妨害、逃避、回避

禁止で to を捨てて from（= 離れて）を多用するのと同じ理由で、到達妨害、逃避、回避を表す語と連携する場合も to より from が好まれる。(from = から離れて)

✧ The noise **hindered** him *from* completing the paper.
　その音が気になって彼はなかなか論文が書き上げられなかった．（これより keep A from doing の方が一般的）
　『アンカーコズミカ英和辞典: 879』

✧ We must **prevent** water contaminated by radioactivity *from* leaking into the sea.
　放射能汚染水が海へ漏れ出すのを防がなくてはならない。

✧ They **blocked** him *from* entering the building.
　彼が建物に入るのを阻止した。

✧ Strong wind **prohibited** us *from* going there.
　強風のせいで我々はそこへ行けなかった。

✧ The arid climate **inhibits** vegetation *from* growing tall.　　乾燥気候のため草木は高く伸びない。

✧ Racial prejudice **debarred** him *from* becoming a member.　　人種的偏見のせいで会員になれなかった。

✧ A heavy snowfall **hampered** them *from* getting there on time.

大雪のため時間通りにそこに着くことが出来なかった。

「回避」と「つながり」両方表せる語もある。「回避」の keep は from (= 離れて) と連携するが、「つながり」の keep は to や on と連携する。

✧ We couldn't **keep** *from* smiling.

笑みを漏らさずにはおれなかった。(…から離れられなかった)

✧ Nothing could **keep** her *from* going out with him.

彼女が彼と付き合うのを止めさせることはできなかった。

1. **Keep** *to* the right　　右側通行せよ

✧ **keep** an eye *on* the neighbors　(on は接触を示す前置詞)

隣人たちに目を付けておく

(隣人たちを監視する)

そこで、from + 不定詞にしてはっきりと離反を表現しようとする試みも中期英語 ME. で出て来た。さらに、from と to を重ねてその後に不定詞を続けることもあった。Save にその用例があるが、残念ながら割愛する [16]。

昔は逃避、回避を表す語と連携して働く to も多かった。Stay to do や abstain to do の用例もあるが、save の用例と同じ理由で割愛する。現代英語では from …ing にするか、単に …ing を続けて逃避、回避を表す。

✧ **Stay** *from* shouting.

叫ぶのを止めろ。((古) : stay = stop)

---

[16] Oxford English Dictionary から引用を断られた。

✧ He could not **stop** himself *from* smiling.
笑みを抑えられなかった。(…から離れられなかった)

✧ I'm **abstaining/ refraining** *from* eating saturated fat.
飽和脂肪の摂取を控えている。

2. I could not **forbear** *from crying* (or *crying*, or *to cry*).
泣くことから逃れられなかった。(泣かずにはおれなかった)

3. I **avoided** *discussing* (in older English also *to discuss*) the matter with him. (Curme: 253)
その件で彼と話し合うことから逃げた。(話し合うのを避けた)

4. I **omitted** *to lock* [or *locking*] the front door.
玄関に施錠し忘れた。

5. I often **neglect** *to turn off* [or *turning off*] a television.
私はよくテレビを消し忘れる。

　Cease は前置詞 off を伴って用いられていた。*BrE.*では cease from doing を現在も用いている。成り行きで終わる場合には cease to do にするが、意図的に止める場合には cease (from) …ing にする。それは cease が意図的な用法では「から離れる」の性質を持つことを示している。昔は desist to do や finish to do, leave to do があったし、off と to を重ねることもあったが、save や stay などの用例と同じ理由で割愛する。

✧ He **ceased** *from* going to church five years ago. 《英》
5年前に教会に行くのを止めた。(行くことから離れた)

✧ We demand that you **cease** and **desist** *from* copying our software. 当社のソフトウェアをコピーすることは止めるよう要求する。

✧ He **left** *off* grumbling. 彼はぼやくのを止めた。
(ぼやくことから離れた)

131

6. She soon **ceased** *to breathe* (not [×]*breathing*).
   彼女はまもなく呼吸しなくなった。（成り行き）

「引き離す」の lose に to 不定詞を続けることもあった。それは at a loss to do や「lost to 名詞」の形で残っている。更に at a loss for もある。

7. He was **at a loss** *to explain* what had happened.
   何が起こったのか説明できず困っていた。
   （説明することから引き離されて困っていた）

8. He is **lost** to [**dead** to, without] all sense of duty.
   彼には義務感が全くない。（義務感から完全に離れている）

✧ She was **at a loss** *for* words.（離れての for）
   何と言ってよいか分からなかった。（言葉から離れていた）

「つながり」の help は to と連携して help . . . to do になる（cf. 2.4.）。それが「逃れる、回避する」を意味する場合、隔たりを示す前置詞 but と連携して cannot help but do になる。米国ではそれがまだ使われている。「つながり」を示す場合は to と、「隔たり」を示す場合は but と連携して働くことによって混乱を防いでいる。

「回避」を示す help が明確に離反、除外を示せる前置詞 but と連携して不定詞を続ける例文を示す（参考例文✧）。例文 9 のように help to do で回避を示すこともあったが、これでは混乱させる恐れがあるため現在は help …ing の方が多用される。その他 miss but do などもあった。

✧ She couldn't **help** *but snicker* [or **help** snickering].
   笑いがこぼれて仕方がなかった。（笑うことから逃れられなかった）

9. He could not **help** *to weep and sigh*. (or more commonly

weeping and sighing）(Kingsley, *Hereward the Wake*, II, xvi [qtd. in Curme: 252]) 泣いて嘆き哀しまざるをえなかった。

　名詞や形容詞で障壁を表現する場合は前置詞 to と連携するが、それは対立関係を表す「方向・隔たり」を表す to である。

10.　**a blockage/** an **obstacle** *to* maintaining the world peace
　　世界の平和維持に対する障害　　　(cf. 3.10.1.)

3.9. 未到達の方向

　「方向」は「向き」と「隔たり」両方の性質を持つ。「曲がる、延びる」などは空間的な「隔たり」を含意し、「向き」の要素も持つ。それと同じ性質を持つ to は「の方向に」を表す。その後にさらに方位を表す語が続くとそれは「隔たり、未到達」を表す方向になる。

　直線的な動きは「向き」と「隔たり」両方の性質を持ち、動くものは「向き」を変えることもある。Open (=開けている) も「向き」と「隔たり」を持てる。その様な語と同じ性質を持つため to ばかりでなく for も「方向」を表せる。

1.　Somebody **moved** *to* the left in the dark.
　　暗闇の中で何者かが左の方向へ動いた。

2.　The wind **changed** *to* the west.
　　風は西向きに方向が変わった。

✧　**change** *for* the better 良い方向へ(快方に)向かう (方向の for)

3.　I **cut** *to* the right to avoid a collision.
　　衝突を回避するために急に右方向へ曲がった。

4.　You **can see** the tower *to* the west.
　　西の方向にその塔が見える。

5. If you **look** *to* your left, you can see the Empire State Building. 『小学館ランダムハウス英和大辞典: 1595』

   左の方向をご覧になれば, エンパイアステートビルが見えますよ.

6. The path **lies** *to* the north. その小道は北の方向に延びる。

7. Our town is **expanding** *to* the west.

   町は西の方向へ広がっている。

8. Because of the typhoon his house **leaned** somewhat *to* the south.

   台風のせいで彼の家は少し南の方向に傾いた。

✧ He **inclines** *toward* becoming an engineer.

   彼の心は技術者になる方向に傾いている。(なろうかと思っている)

9. The trail **angles** *to* the north here.

   ここで小道は北の方向へ曲がっている。

10. The ocean current **sets** *to* the south.

    海流は南に向かっている. 『アンカーコズミカ英和辞典: 1682』

11. The captain **faced** his men *to* the right.

    大尉は部下を右に向かせた。

12. My room is **open** *to* the east.

    私の部屋は東向きである。(部屋は東の方向に開けている)

3.10. 到達可能な方向

「曲がる」や「向ける」など空間的な「隔たり」を含意し、「向き」の要素を持つ語は方向を表すことができる。その様な先行語と同じ性質を持つ to は到達可能な方向を表せる。但し、to の後に地名などの名詞が続く場合である。

　話しかける時は相手の方に向かって言うのが社会通念であ

る。従って、tell や say などは「向き」の性質を持ち「隔たり」も含意する語である。また、船や列車などの乗り物には「行く先」がある。出発は「行く先」を決めた後になる。それと同じ性質を持つ for も行く先 (方向) を示すことができる。

❖ They **shipped** the cargo *for* Okinawa. (方向の for)
沖縄向けに貨物を発送した。

❖ the **train** *for* London　　ロンドン行きの列車

❖ **leave** *for* London　　ロンドンへ向かって出発する

1. I **directed** my attention *to* the new evidence.
私は新しい証拠に注意を向けた。

2. She **turned** a cold shoulder *to* me.
彼女は私によそよそしくした。

3. The captain **headed** his ship *to* New York.
船長は船をニューヨークに向けた。

4. There the trail **curved** *to* a brook.
そこで小道は小川の方へカーブしていた。

5. He **bent** his steps *to* the church there.
彼はそこで教会の方へ曲がって歩いた。

6. The highway **swings** *to* Canada here.
ハイウェーがここでカナダの方へ急カーブしている。

7. Tell him *to* his face that he's a liar.
『小学館ランダムハウス英和大辞典: 942』
彼に面と向かって「嘘つき」と言ってやりなさい.

8. It's nasty of her to **say** such a thing *to* your face.
そんなことを面と向かってあなたに言うなんて彼女は嫌な人ですね.『小学館ランダムハウス英和大辞典: 1798』

9. sit with one's **back** *to* the fire　　火に背を向けて座る

但し、「背中」には「方向なし」もあって、参考例文✧の様に後に against や普通の前置詞 to を置いて接触も示せる。

✧　He rested his **back** *against* the wall.
　　彼は壁に背中をもたせかけた。

✧　stood báck *to* báck《米話》
　　背中合わせに立った（決闘の前に）

Incline などは心理的、質的な傾き、習慣的な傾き（傾向）なども示せる。例文 10 や 14 で明らかだが、太る傾向があっても常に太っているとは限らない。ダイエットでスリムになっている可能性もある。到達可能な方向はそういう可能性も含めて表現することが出来る。先行語の「向き」と「隔たり」と同じ性質を持つ to や for はその方向を具体的に示すことが出来る。

その to は不定詞を従えることも出来る。不定詞の前の to が方向を表すのはこの文型に属する場合の to だけである。

10.　She **inclines** *to* corpulence.
　　　彼女の体質は太る方向に傾いている。（彼女は太るたちである）

11.　Are you **inclined** [**disposed**] *to go* for a walk?　（目的の for）
　　　散歩に出る方向に心が傾いているか。（散歩はいかがですか）

12.　I am **disinclined** *to go* to the party tonight.
　　　今夜のパーティーには行く気になれない。

13.　He **declined** *to donate* regularly to charity.
　　　定期的に慈善事業に寄付する方向に彼の心が傾かなかった。

14.　She has an **inclination** *to get* fat.
　　　彼女の体質は太る方向に傾いている。（彼女は太るたちである）

15.　She **tends** *to put on* weight.　　彼女は太るたちである。

16.　I am **prone** *to* colds [*to catching* colds, *to catch* colds].

136

風邪をひきやすい。

17. This board has a **tendency** *to be* warped when it has dried out.
   乾燥するとこの板は反る性質がある。

18. I am not in a **disposition** *to take part* in the conspiracy.　その陰謀に加担する気にはならない。

19. She has a genetic **predisposition** *to* diabetes.
   糖尿病になりやすい遺伝的体質を持つ。

20. Sodium chloride has a **disposition** *to dissolve* in water. 塩化ナトリウムは水に溶ける性質がある。

21. He was **indisposed** *to invest* in the new project.
   新事業に投資する気にはならなかった。

22. I felt a certain **indisposition** *to do* the work [*to* the work].
   私にはその仕事をしたくない気持ちがいくらかあった。

23. Pochi had the **temperament** *to be* a good search dog.
   ポチは立派な捜索犬になる生来の傾向 (気質) を持つ。

24. We have the **instinct** *to protect* ourselves.
   我々は自己防衛する生来の傾向 (本能) を持っている。

25. Young people are **apt** *to have* acne.
   若者にはニキビが出やすい。

26. a **proclivity** *to catch* cold [or *for catching* cold]
   風邪をひきやすいたち　(to 同様に for も方向を表す)

27. He has a **propensity** *to gamble* [or *for gambling*]
   彼には賭博癖がある。(この for も方向を表す)

28. The crowd was **in no mood** *to disperse* [*for dispersing*].
   群衆は解散する気分にはなっていなかった。(方向の for)

137

3.10.1. 相対する方向と対立の to

お互いの方に向き合って相対する状況を表す方向もある。先行語に反対、相反などが含意されるとそれは「対立」へと転義することもある。（to = in opposition to = に対して）

1. **face** *to* face　向き合って

2. The thumb can be **opposed** *to* any of the fingers.
   『小学館ランダムハウス英和大辞典: 1909』
   親指は他の 4 本のどの指にも向かい合わせにできる.

3. Her opinion is **opposed** *to* his.
   彼女の意見は彼の意見と対立している。

4. My house is **opposite** *to* the art gallery.
   私の家は美術館に対して反対側にある。（向かいにある）

5. My house is in **opposition** *to* his. 家は彼の家の向かいだ。

6. won the game with the **score of** 6 *to* 4.
   6 対 4 のスコアでその試合をものにした

7. They **stood up** *to* the tyrant.　彼らは暴君に立ち向かった。

8. They didn't break down their **resistance** *to* our proposal.
   彼らは我々の提案に対する抵抗を止めなかった。

9. Men are **hostile** *to* the education of women in the country.
   その国では女性の教育に対して男は冷淡である。

10. stubborn **opposition** *to* the construction of a new U.S. military base　新しい米軍基地建設に対する頑強な抵抗

11. a nation **inimical/ hostile** *to* our country
    我が国と対立している国

12. The proposal was directly **counter** *to* ours.
    その提案は我々のとは正反対であった。

13. **contrary** *to* popular belief
    世間一般に信じられていることとは反対に

14. We **took** strong **exception** *to* the proposal.
    我々はその提案に対して強く反対した。

15. They are **averse** *to* our proposal.
    彼らは我々の提案に反対している。

16. Violence is **abhorrent** *to* a peace declaration.
    暴力は和平宣言に反する。

17. Abductions of babies are **repugnant** *to* the laws of humanity. 子供達を誘拐するなんてことは人道に反する。

18. His behavior was an **affront/ insult** *to* the king.
    彼の振る舞いは王に対して無礼であった。

19. We must redress **injustice** *to* those people.
    これらの人々に対する不公正を正さなければならない。

　障壁を表すhindranceのような名詞や形容詞を先行語にする場合、それと同じ性質を持つtoも相対する状況を示せる。但し、それを動詞で表現する場合はfrom (= off) を対応させる。

✧ Rain **hindered** me *from* coming here on time.
    雨で私は時間通りにここに来ることが出来なかった。

20. a **hindrance/ obstacle** *to* research　研究に対する障壁

21. a chief **obstacle/ impediment** *to* peace talks
    和平会談に対する第一の障壁

22. an **obstruction/ a blockage** *to* maintaining the world peace　　世界の平和維持に対する障壁

23. the **barrier** *to* a mutual understanding
    相互理解に対する障壁

24. a **bar** *to* progress　　発展に対する障壁

25. factors **obstructive** *to* the progress of the peace talks
和平会談の進展に対する障害要因

3.11. To の多様性と弱点

　普通の前置詞が不定詞を従えて *except* include Las Vegas になると「ラスベガスを含めること**以外に**」になって前置詞 except の意味が表に出る。しかし、それを文中に戻してもそれ以上の表現力は生まれない。

　前置詞 to が不定詞を従えて *to* include Las Vegas になると、その働き方を判断する手がかりが無いため、「ラスベガスを含める…」になって to の意味は表に出ない。それを文中に戻すと先行語と同じ性質を持つようになり、to の意味が表に出る。下記例文のように同一の *to include* Las Vegas であっても先行語次第で全く異なる内容を表せる。To が先行語と同じ性質を持つからこそ、このように多様な表現力が生まれる。

1. We **extended** our tour *to include* Las Vegas.
ラスベガスを含める<u>ところまで</u>旅程を延ばした。

2. My brother **agreed** *to include* Las Vegas in our tour.
弟は旅程にラスベガスを含める<u>ことに</u>同意した。

3. We **cancelled** our tour to San Jose *to include* Las Vegas.
ラスベガスを含める<u>ために</u>サンノゼへの旅は取りやめた。

　さらに、先行語になれる語の有無で to the south などは全く異なる内容を表す。例文 4 の to the south の to は先行語 **angle** が「向き」及び「隔たり」と同じ性質を持つため「南の<u>方向へ</u>」を表す。

140

4.　The trail **angles** *to* the south here.

　　ここで小道は南の方向へ曲がっている。

　ところが、例文 5 では to の左側に「つながり」や「隔たり」の性質を持つ先行語がないため普通の前置詞になって「つながり・接触」を単独で表す。それで to the south (of) などの to は「南側に接して」を表す。（south は the が付いて名詞である）

5.　Mexico is *to* the south of the United States.　(所属の of)

　　メキシコは合衆国の南側に（国境を）接している。(接触の to)

　以上の例から明らかなように、to the south や to the north などは同一語句で「つながり・接触」も「未到達の方向」も表すことが出来る。

　このように、前置詞 to は実に多様な表現力を獲得しているのだが、「駅から離れて北の方向に」のように起点を示して「方向」と「離れて」を同時に表現したい場合、to は無用の長物になってしまうという弱点が露呈する。

　その様な場合には、副詞の south や north などを使い、to なしで表現する。副詞の south や north などは「方向」を表す語である。当然、「隔たり・離れて」の性質も根底に持つ。これらの副詞は方向専用語であるため、先行語と連携して方向を示す必要はなく、単独で方向を示すことが出来る。従って、その前にさらに to を置いて方向を確認する必要はない。

　また、副詞 south や north などの根底にある「隔たり・離れて」と to が連携して、「離れて」を表すことも無い。大きな物理的「隔たり・離れて」を表す語は of (= off) や from (= off) と連携するのが現代英語の流儀である (cf. 3.7.)。結局、to を排除した文になり、次のように表現する。その様な to の特性を知って

141

書かれた文であれば、知らない二つの地名であっても地図で確認することなくその位置関係を正確に把握することが出来る。

6. France is **south** *of* England. （south に呼び出された off）
   フランスはイングランドから*離れて*南の方にある。

7. Cuba is **south** *of* (or *from*) Florida. (south に呼ばれた off)
   キューバはフロリダから*離れて*南の方にある。

例文 6 は英仏が隣接せず、フランスは (海を挟んで) イングランドから南の方向に離れていることを正確に伝えている。現代英語でも「接触」か「隔たり」か基本的なことを正確に区別して示せるのである。

以上のような事実があるにもかかわらず、「隔たり」を含意する語や距離で隔たりを表す語句に to the west などを対応させて次の例文 8, 9 のように表現する文筆家がいる。しかし、庶民や一流の文筆家は to (と定冠詞) を排除して表現する。副詞の west や north などの根底にある「隔たり」が友を呼ぶと off を呼び出すため、例文 10, 11 は、西や北の方向などに離れていることを正確に伝える。

例文 8, 9 は誤文である。The island などは確かに物理的な「隔たり」の性質を持つ語であるが、「向き」の要素が欠けている。従って、その後続語 to が「方向」を表すことは出来ない。

8. ×The island is *to* the west *of* this town. [これはかなり改まった言い方] 『アンカーコズミカ英和辞典: 2100』
   その島はこの町の西方にある.

9. ×They live **240km** *to* the north *of* here.
   彼らはここから離れた 240km 北の方に住んでいる。

それ故に、上記例文などは *to* the を取り払って次のように表現しなければならない。

10. The island is west *of* this town. 『アンカーコズミカ英和辞典: 2100』 (of ⇒ off)

    その島はこの町から*離れて*西の方にある。(筆者訳)

11. They live **240km** north *of* here.

    ここから*離れた* 240km 北の方に住んでいる。 (of ⇒ off)

例文 12, 13 のように、先行語になれそうな語が二つある場合に、直近のではなく遠くのものと連携する to もある。「変動・到達」の性質を持つ先行語と同じ性質を持つ to は「as far as to ＝ …まで (到達)」になる。それで遠くの to と連携する。(cf. 2.2.)

方向専用語である副詞の east や west などはここでもその特性を発揮している。その前に to を置いて方向を示す必要はなく、その後にも to は置かない。

例文 12, 13 の to は直前にある副詞の east などと連携することはなく、それらを飛び越して「変動・到達」の性質を持つ先行語 **flows** や **moved** と同じ性質を持ち「到達」を示す。

12. The river **flows** east *to* the Atlantic Ocean.

    その川は東の方向へ**流れて**大西洋に到達する。

13. In 2023 the family **moved** west *to* Los Angels.

    2023 年にその家族は西の方へ**移動して**ロサンゼルスに落ち着いた。

4. 分離不定詞その他

ここでは不定詞の目印になった to や分離不定詞、複数の与格などを取り上げる。

4.1. 不定詞の目印

前置詞としての役割を完全に失って、単に「不定詞の目印」になっている to もある。文の主語や補語として to 不定詞が用いられている場合の to がそうであるし、仮主語や仮目的語の it に入れ替わる to 不定詞の to もそうである。単なる目印に過ぎないのであれば無くても構わないため、昔はこの用法の不定詞は to なしで用いられることが多かったが、「アイルランドの英語や英語圏の口語で」は参考例文◇にある "give in" のような用法が "still common" だと言われる (Curme: 193)。「To-infinitive が直接に動詞の主語として用いられるのは … 14 世紀からのようである」(小川: 9)。

不定詞の格変化が無くなって、それは動詞の原形と同形になった。その結果、不定詞を動詞と区別するための目印が必要になった。主格や与格の不定詞には目印として to を付けるようになったが、対格の不定詞には to を付けないことで他の不定詞と区別する巧妙な仕組みを作り出した (cf. 4.4.)。

1. *To err* is human. (主語)　過つは人の常。

2. My dream is *to own* a large farm. (補語)
   私の夢は大農場を所有することである。

3. It is advisable *to support* people in need. (真の主語)
   困っている人々を支援するのは望ましいことだ。

144

4. I think **it** advisable *to support* people in need. (真の目的語)
   困っている人々を支援するのは望ましいことだと思う。

✧ *It* is best *for you give in* to their say. (Lady Gregory, *McDonough's Wife* [qtd. in Curme: 193]) (真の主語)
   あなたが彼らの言い分に従うのが一番良いのですよ。
   (不定詞の意味上の主語を示す for)

✧ All we can do is *wait* for the typhoon to die down. (補語)
   我々にできることは台風がやむまで待つことだけである。

✧ All we have to do is *survive* this disaster. (補語)
   やらねばならないのはこの惨事を生き延びることである。

不定詞を用いる場合、感覚動詞や will などの助動詞の後では to なしで対格の不定詞(動作の完了を示す)を用いる。

✧ I **saw** him *cross* the road. (横断の完了)
   彼が道を横断し終えるのが見えた。

✧ I **will** *repair* the roof. (cf. 4.4.)
   屋根を(ちゃんと)修理するつもりだ。 (途中では止めない)

使役動詞 make や have, let の後では to なしの不定詞が用いられる。また、慣用句 had better や would rather などの後でも to なしの不定詞になるが、help, dare の後では to なしや to 付き両方の用法がある。

✧ **Let** him *go*.　　　　　　彼を行かせておやり。
✧ I **had** him *repair* the fence. 垣根を修理させた(してもらった)。
✧ I **made** him *repair* the fence. 彼に垣根を修理させた。
✧ I **would [had] rather** [or **I'd rather**] *stay* home.
   どちらかと言えば、私は家にいたい。

145

- ✧ You **had better [best]** *work* harder.

  もっと一生懸命勉強した方が (一番) いいよ。

5. I **helped** my brother *(to) repair* the fence.

   兄が垣根を修理するのを手伝った。

- ✧ She **daren't** come. (助動詞の用法は文語で、あまり用いられない)

  彼女には来る勇気がなかった。

6. She did not **dare** *to come*.　彼女には来る勇気がなかった。

4.2. 動詞句になる to 不定詞

- ✧ I **am** not *for discussing* it.『小学館ランダムハウス英和大辞典: 1034』　それを論じるつもりはない.

  (私の心はそれを論じることにつながっていない。(筆者訳))

　上記例文の助動詞 am は後に続く「前置詞＋動名詞」を助勢して動詞句にしている。前置詞 for は単独でも「つながり」を表せるため、助動詞 am に助けられると動名詞を伴って「つながり」を表す動詞句を形成する。

　前置詞 to も単独で「つながり」を表せるため、am などで助勢されると不定詞を伴って「つながり」を表す動詞句になる。

　以下の例文でも、助動詞 is, am, are, was, were に助けられて「前置詞 to ＋不定詞」はやはり「つながり」を表す動詞句になる。ここで重要な働きをしているのは助動詞 are などではなく「前置詞 to ＋不定詞」である。

1. If you **are** *to get* there on time, you should leave now.

   時間通りにそこに着くつもりなら、いま出発すべきだ。

   (時間通りに着くことに心がつながっているなら…) (決意)

2. I **am** *to give* it to my son.

それを息子に与えることにする。（決意）

（私の心はそれを息子に与えることにつながっている）

3. He **is** *to fight* for his liberty. （目的を示す for）

彼は自由を得るために戦う決心をしている。（決意）

（彼の心は自由のために戦うことにつながっている）

4. If I **were** *to do* that, would you help me?

それを行なうことになると君は手伝ってくれるかい。

（仮に私がそうすることにつながると…）（成り行き）

5. The rain **is** soon *to* (i.e., shall soon) *be over*. （予想）

雨はじきに止むだろう。（じきに止むことにつながるだろう）

6. Tokyo Sky Tree **is** *to be completed* next month.

東京スカイツリーは来月完成予定である。（予定）

（東京スカイツリーは来月完成することにつながる）

7. He **was** *to have taken* part in the PTA meeting today.

今日 PTA の会議に参加する予定であった（実現しなかった）。

8. He **was** *never to see* his daughter again.

娘には二度と会えない運命であった。（運命）

（再び娘に会うことにはつながっていなかった）

9. I **am** *to report* to the supervisor.

上司に報告しなければならない。（義務）

（上司に報告することに心がつながっている）

10. The brave **are** *to* (i.e., ought to) *be admired*. （判断・当然）

勇者は賞賛されるべきである。（判断・当然）

（賞賛されることにつながっている）

11. He **is** *to blame*. = He **is** *to be blamed*. （判断・正当）

責められるべきである。（責められることに結び付いている）

12. Applications **are** *to be submitted* by March 5. （規定）

願書は3月5日までに提出しなければなりません。

13. You're *to stay* in this building.

   お前たちはこの建物の中に残っているんだぞ。(命令)

   (残ることにつながっている)

14. How **am** I *to* (i.e., can I) *solve* such a difficult problem?

   こんな難問をどうすれば解くことができるんでしょうか。

   (…難問を解くことにつながるんでしょうか)　（可能）

15. Not a fox **was** *to be seen* in the forest.

   その森林では狐一匹も見当たらなかった。(可能)

   (その森林では狐一匹も見ることにつながらなかった)

16. To see **is** *to believe*.

   見ることは信じることにつながる。　（つながり・到達）

17. To borrow **is** *to sorrow*. 《ことわざ》

   借金することは悲しむことにつながる。(つながり・到達)

　例文11の *to blame* は能動形であるが内容は受け身になっている。「受動形の不定詞」が使われ始めたのは「14世紀から」(Curme: 46) であるため、OE.ではこのような不定詞が多かった。例文11の様な to 不定詞はその名残として残っている。名残と言っても、類似の例文は多い。

18. There is no **time** *to lose*. = There is no **time** *to be lost*.

   一刻も無駄にできない。

　新聞などの見出しやテレビでは is, am, are, was, were は省略される。重要な働きをしていない証拠である。重要な役割をしているのは明らかに前置詞 to と不定詞である。テレビでは、動詞句を形成する…ing や過去分詞の前の is, am, are, was, were も省略される。

19. Tokyo Sky Tree *to be completed* next month
   東京スカイツリーは来月完成予定

✧ U.S. *bracing* for armed protest
   米国は武装抗議行動に備えて警備を強化中

✧ Talks *held* between them
   彼らの間で話し合いが持たれた

さらに、連載中の記事や小説の最後、あるいはテレビでは is, am, are, was, were と共に主語も省略される。For にも似た用法がある。

20. (~~This story is~~) *To be concluded*
   完結されることにつながる（次号完結）

21. *To be continued*　以下次号（つづく）

✧ ~~This putt is~~ *For* Birdie　（テレビ放送で par の 1 打前に表示）
   バーディーにつながる（バーディーパット）（つながりの for）

4.3. 存在目的

前項と紛らわしいが、is, am, are, was, were は明確な目的をもって作り出された事物の使用目的や存在目的を示せと要求することがある。それは単なる連結詞ではなく存在を示す述語動詞として働き、後に続くべき意志動詞の過去分詞を省略した内容を表している。それを exist で表現することも出来る。

この文型では is, am, are, was, were は積極的な働きをしている。それと連携する to は不定詞を伴って目的を説明する。この to 不定詞は動詞句を形成しているのではなく述語動詞 is, am, are, was, were を修飾する副詞句である。（to do ＝のために）

149

1. The rubber floor and walls **are** *to prevent* noise.

   その床や壁は騒音防止のためにゴム張りにしてある。

   (そのゴム張りの床や壁は騒音を防ぐために存在する[作られた])。

2. This **is** *to certify* that the gun is the murder weapon.

   本状はその銃が凶器であると認定する (ために発行された)。

3. The prize **was** *to honour* him for his important contribution to medical science.

   その賞は彼の医学への偉大な貢献に関して彼を賞賛するために授与された。(関連の for)

✧ As much as one hundred laws and rules **exist** *to prevent* secret government informations from going public.

   政府機密が公になるのを防ぐために、100 にも達する法律や規則が存在する(制定されている)。

4.4. 動詞化している不定詞

助動詞の後に付いて動詞化している不定詞もある。現在 can や will, shall, may などは助動詞と呼ばれているが、昔は「本動詞として次に目的語をとっていた」語である (小川: 15)。

✧ No skill of musick **can** I, simple Swain. —OED 1710 年頃 [qtd. in 小川: 15] 田舎者の私、唄なんてできません.

古期英語 (OE.) から中期英語 (ME.) にかけて、名詞同様に動詞由来の名詞である不定詞にも屈折語尾があった。ME.になると屈折語尾は単純化され、主格と対格は同形になった。その頃の不定詞は "a) 主格・対格 wrītan b) 与格 tó wrītenne" のようになっていた (小川: 2)。その後、屈折語尾は消滅した。

しかし、与格に tó が付いていたと言う説は誤りである。OE. 初期には既 tó は姿を消しており、ME. でそれが復活する筈がない。与格には tó ではなく通常 to が付いていたのである。前置詞 to は特定の先行語と同じ性質を持つが、与格の不定詞は前置詞 to と同じ性質を持つようになっているため、to を置く必要があったのである。

　本動詞 can などは対格 (=目的格) の不定詞も目的語にしていた。屈折語尾が消滅して不定詞は動詞の原形と同形になったため、主格にも目印として to を付けるようになったが、対格には付けずに他の不定詞と区別した (cf. 4.1.)。それで can などはその後もずっと to なしで対格の不定詞を目的語にした。やがて can などは助動詞に格下げされ、対格の不定詞が本動詞であると見做されるようになった。

　Will などの助動詞は格下げされたとはいえ主語の心のつながりや事物の質的なつながり (決心や要請、依頼、命令、許可、推量、必要性、義務、判断、能力、可能など) を明らかにする。

　それに応える対格の不定詞は完了まで行き着くことを示す。それは未完了を示す…ing と対比した形になっている。

1.　I **will** *repair* the roof.　　（決意）
　　屋根を(ちゃんと)修理するつもりだ。　（完了を目指す）

2.　**Will** you *help* me repair the roof?　（依頼）
　　屋根を修理するのを終わりまで手つだってくれるかい。

3.　They **will** *come* here tomorrow.　（予想）
　　明日はここにやって来る (来ている) でしょう。

4.　She **must** *do* it.　（義務・判断）
　　それをきちんとやり終えなければならない。

5. You **should** *do* it. きみはそれをきちんとやるべきだ。(義務)

6. She **may** or **may not** *come*.　(推量)
   彼女は来るかもしれないし、来ないかもしれない。

7. You **can** (or **may**) *use* my car.　(許可)
   俺の車を使ってもいいよ。

8. I **can** *manage* by myself.　(能力)
   自分できちんと成し遂げられる。(手助けは要らない)

9. ×**Can** you *speak* English?
   (通常こんな質問はしない：期待値が高過ぎる)
   君は英語をちゃんと話せるか。　(能力)

10. You **shall** not *kill.*　汝殺すなかれ。(命令)

　但し、現代英語、特に米語では例文 10 のような shall の用法は殆どなくなり、will と shall の区別をしない人も多いと言われる。

4.5. 分離不定詞と to や不定詞の省略

　To と不定詞の間に副詞を入れて内容をより明確に伝えようとする努力がなされている。副詞は動詞的名詞である不定詞の動詞部分を修飾する。これは分離不定詞 (split infinitive) と呼ばれる。

1. You have *to **clearly** understand* it.
   君はそれをはっきりと理解するべきだ。

　否定を表す副詞 not や never は to 不定詞の前に置かれる。「まだ…していない」を表す yet も to 不定詞の前に置く。完了形ではその間に never を入れることもできる(例文 4)。

2. He told them **not** to stand up.
   彼らに立ちあがるなと命じた。

3. The worst is **yet** to come.
   最悪の事態はまだ起きていない。（まだこれからである）

4. **Never** to have sinned [= To have **never** sinned] is impossible. 『小学館ランダムハウス英和大辞典: 1819』
   一度も罪を犯したことがないということはあり得ない.

　直前の表現から判断して to に続く不定詞が誰にでも補えるものであればそれは省略される。To と不定詞は離してもよい。

5. No one can make you *stop* drinking if you don't want *to*.　あなたが飲酒を止めたくないのであれば、誰もそれを止めさせることは出来ない。

　また、"several infinitives with the same or similar construction" が続く場合は 2 番目以降の不定詞の前の to を省略できる(Curme: 481)。

6. It is impossible *to be* in this room and *not feel* the spirit's presence.
   この部屋にいて霊の存在を感じないと言うのは信じられない。

　2 番目以降の不定詞を重視する "the second or later infinitive becomes important" 場合にはその前の to を省略しない (Curme: 481)。

7. It was better *to laugh* than *to cry*. (*ibid.*)
   泣くよりは笑う方がもっと良かった。

153

4.6. 複数の与格

「与格 dative case」は授与動詞（移動動詞）の間接目的語として到達点を示すことが出来る。これは「つながりの与格＝Dative of Connection」であるが、代名詞や通常名詞の場合それをto で補強し、「to＋与格」にして文尾に移すことも出来る。

To も先行語 give と同じ性質を持ち「到達」を示す。また、to に与格不定詞を続けて到達する事がらを示すことも出来る（例文 3）。

✧　I **gave** *him* a bicycle.　彼に自転車をあげた。

1.　I **gave** a bicycle *to him*.　彼に自転車をあげた。

2.　He **sent** the book *to me*.　　He **sent** me the book.
　　彼は私にその本を送り届けてくれた。

3.　I was **given** *to understand* that Governor Onaga would succeed himself.
　　私は翁長知事が二期目も県政を担うと思いこんでいた。
　　（私の心は…と思うところまで移動させられていた）

さらに、「利益、（不利益）」を表せる「利益の与格」＝"Dative of Interest" (Curme: 106)もある。たとえば、My father bought a bicycle *for me*. の me がそうである。その for me が「終点、到達点」を表すことにはならない。下記参考例文✧で明らかだが、buy の場合、自転車は「友人から離れて」「父に届いた」ことを伝える。（所有権を含めた）移動の到達点は「父」で完結しているため、再度 for で到達点を示す必要はない。

✧　My father bought *me* a bicycle.
　　＝ My father bought a bicycle *for me*.　（利益の for）

私のために父は自転車を買った。

✧　My father **bought** a bicycle *from his friend.*
　　父は彼の友人から自転車を買った。

　昔は不利益も同じ形で表現していたが、現在は to や for の代わりに "from" や "on" で不利益を表すことが多い (Curme: 106)。

✧　He stole a watch *from me* (i.e., *from me to my loss*). (ibid.)
　　彼は私から時計を盗んだ。

✧　He shut the door *on me.* (Curme: 107) (on = against)
　　（昔は to も使われた）
　　彼は私の鼻先でドアを閉めた。

付録： 特殊格助詞「に」

　格助詞「に」は後置詞として働くため、特定の後続語と同じ性質を持つ。それは特殊格助詞の特徴である。それで、格助詞「に」だけでいろんな性質を示すことが出来る。奥田靖雄氏は論文[17]で格助詞「に」を『に格』と表現している。本稿でもその名称を使う。

1) 原因を示す「に格」の前の名詞

　反応や感情変化を示す語には「接して後に」の性質がある。格助詞「に」もそれと同じ性質を持つ。その他、外部要因に触発されて動くことを表す語も「接して後」の性質を持つ (例文 2)。
　例文 1 では「接して」で「に格」を補強して「に接して (後)」と表現している。「に格」はその様な後続語と同じ性質を持つため、「に格」を補強すると実質的に後続語の性質も丁寧に説明することになる。もちろん、「に格」だけでも「に接して (後)」を示すことが出来る (例文 1b)。
　また、「後に」はそれだけで前後関係も表せるため、「に格」の前の名詞・「訃報」は「接する前の事がら」を示す。訃報は時系列上の前の事がらを示し、それ「に接して後」(= に触発されて)その結果「驚く」ことになる。故に、例文 1 は前後関係ばかりでなく、因果関係も表している。そのため、「に格」の前にある名詞・「訃報」は原因を示すと言われる。(cf. 2.8.1.)

1.　訃報に接して**驚いています**。　　　1b. 訃報に**驚いています**。
2.　桑の木の葉が風に (接して) **ゆれていた**。

---

[17] 言語学研究会 編 『日本語文法・連語論 (資料編)』 むぎ書房 1983 年 『に格の名詞と動詞のくみあわせ』奥田靖雄 1962 年(pp.281~323)

さらに、意志で制御されず無意識に反応することを示す動詞も「接して後」の性質を持つ。従って、その様な性質を持つ「に格」の前の名詞も原因を示すことになる。

3.　相手の強烈な<u>カウンターパンチに</u>彼は**よろけた**。
4.　強い<u>雨の音に</u>目が**覚めた**。

　「取って代わる」は「後につながる」性質を持つ。それと同じ性質を持つ「に格」も「後につながる」になる。「に格」の前の名詞 は「前にあるもの」を示す。しかし、因果関係は示さない。

5.　<u>原子力発電に</u>**取って代わる**もの。

2）つながり・くっつき

　「つながり・くっつき」の性質を持つ後続語と同じ性質を持つ「に格」は「つながる・くっつく」性質を持つ。「に格」を補強して示すと「にくっつけて・につないで」になる。

6.　<u>壁にくっつけて</u> ポスターを**貼り付けた**。　(cf. p. v & 2.1.)
7.　彼は馬を<u>柵に</u>**繋いだ**。

3）上下関係

　「くっつき」の性質を持っていても、空間的・心理的に「後ぁるいは下につく」は転義して「服従する」になり上下関係を表す。「に格」の後続語が「下位、服従」の性質を持つと、「に格」も同じ性質を持つ。それを補強して示すと「の下について」になる。「に格」の前の名詞 は上位にあるものを示す。(cf. 2.7.)

8.　<u>大統領に</u>**仕える**補佐官　　8b.　大統領<u>の下について</u>**仕える**補佐官
9.　<u>道理に</u>**従う**。

4）受動表現

受動表現も下位にあるものを示す。「に格」の後続語が受動表現になると、それと同じ性質を持つ「に格」も下位にあるものを示し、「に格」の前の名詞 は上位にあるもの・「動作主」を示す。その「に格」を「依る」で補強して「によって」とすることも多いが、「依る」も下位や動作主を示す語である。(cf. 2.7.)

10.　彼は<u>彼女に</u>**惹き付けられた**。　10b.　<u>彼女が</u>*彼を***惹き付けた**。
11.　その爆撃機は敵の<u>レーダーによって</u>**捉えられた**。

5）優劣表現

空間的な「後、隔たり」は「下位・劣勢」へ転義する。後続語が「下位・劣勢」の性質を持つと「に格」も同じ性質を持つ。「に格」を補強して示すと「の後に(いて)」になる。　(cf. 3.3.)

12.　彼は数学では<u>皆に</u>**劣る**。12b. 数学では<u>皆の後に</u>(いて)**劣る**。
13.　僕のチームは<u>彼のチームに</u>**負けた**。

空間的な「前、隔たり」は「上位・優勢」に転義する。後続語が「上位・優勢」の性質を持つと「に格」も「優勢」を示すため、「に格」の前の名詞は「劣勢」にあるものを示す。

14.　絹は<u>ナイロンに</u>**勝る**。　14b. 絹は<u>*ナイロンの前に*</u>(*あって*) **勝る**。
15.　僕のチームは<u>彼のチームに</u>**勝った**。

6）同等

隔たりが大きいと相違になり、小さいと類似になる。隔たりを極限まで小さくして「隔たりゼロ・接触」にすれば「同等」になる。それで、「に格」は「同等」の性質を持つ後続語と同じ性質を持ち、「…との隔たりゼロに」を表す。(cf. 3.2.)

16. 大きさの点で<u>太陽</u>に**匹敵する**星はたくさんある。

17. １＋３は<u>４に</u>**等しい**。（１＋３は<u>４</u>との隔たりゼロで**等しくなる**）

7）類似・親密と比較

　隔たりが小さいと近いになる。形状的な近さは「類似」になり、心理的な近さは「親密」になる。同じ性質を持つ「に格」は「に近く」を表す (cf. 3.1.)。月と木星は遠過ぎて昔はその大きさを正当に比較できなかったが、近くにある物は正当に比較することが出来た。比較は「の近くに置いて」の性質を持つ。

18. 彼女は<u>母親に</u>(形状的に近く)**似ている**。

19. 彼女は<u>新入生に</u>(心理的に近く)**親しみ**を感じた。

20. 157)<u>お三輪に</u>(の近くに置いて)**くらべて**，どこかに品がある。（妻・44）（奥田・309）※ 但し (の近くに置いて) は筆者挿入

8）隔たりの大小

　「近い」は「しやすい」や「容易な」に転義し、「遠い」は「難しい」や「困る」になる。「に格」もそれと同じ性質を持つ。従って、「に格」の前の名詞は「近くにあるもの」や「遠くにあるもの」を比喩的に示す。

21. <u>修理に</u>**手間はかからない**。＝ 修理が**容易である**。

22. <u>返事に</u>**困る**。

9）時間的な隔たり「前・隔たり」

　「準備する」は時間的な「離れて前に」の性質を持つ語である。「に格」もその様な性質を持つ後続語と同じ性質を持つようになり、「離れて前に」の性質を持つ。従って、その前にある名詞・「に格」の前の名詞 は時系列上の「後の出来事」を表す。

23. 旅の前に**準備した**。

24. 旅券は海外旅行の前に **前もって確保しておくべきだ**。

10）意図的な動作と目的

　「準備する」は意図的な動作でもある。それは将来の事がらを目的として設定する。目的は「利益・ため」になる事がらであり、「利益・ため」にならない事がらを目的として設定することは無い。

　意図的動作は目的を実現するための「準備行為」である。

　従って、それもやはり「離れて前に」の性質を持つ。日本語では利益を表す「ため」で「に」を補強し「ために」の形にして、目的が「利益」の追求であることを強調している。

　「必要である」は「前もって確保しておかなければならない」も表せる。

25. 海外へ旅行するためにパスポートを**準備した**。

26. パスポートは海外旅行（のため）に**必要である**。

11）変動の到達点

　「変化する」や「なる」、「する」、「終わる」、「始まる」などの動詞には「つながる、まで到達する」性質がある。それと同じ性質を持つ「に格」も「まで到達して」の性質を持つ。「に格」の前の名詞は到達したものを表す。(cf. 2.2.)

27. 熱帯低気圧が台風 11 号に**なった**。

28. 台風は温帯低気圧に**変化した**。

　ところが、『日常のことばとして慣用的にもちいられている』(奥田・317) 場合には、「なる」や「する」を省略すること

がある。

29. 247) いま一度にみんなたべないで，あすのおやつに半分の
こしておくといいわね。 （日・428）(ibid.)

「のこしておく」は目的を持った意図的な動作である。それと
同じ性質を持つ「に格」の前の名詞 も目的を示せるが、例文 29
は文体論的に未熟な表現である。そこで「するために」で「に
格」を補強すると普通の文になる。例文 31 や 32 では「到達」
の「して・なって」を省略している。

30. ＝ いま一度にみんなたべないで、あすのおやつにするた
めに半分のこしておくといいわね。

31. ロシア軍はウクライナの民間人を後ろ手に（して）縛って
殺害した。

32. 仰向けに（なって）寝た。

「与える」などの授与動詞は「ものを人に移動させる」を表
し、「到達させる」性質を持つ。それと同じ性質を持つ「に格」
も「に到達させる」性質を持つ。「命令する」や「頼む」などの
伝達動詞は「情報を人に伝達する」を表し、やはり、「に到達さ
せる」性質を持つ。反対に、「借りる」などは「ものを人から移
動させる」を表し、奥田氏流に言えば『略奪的』(奥田・299) な
性質を持つ。それ故に、それは「から格」で表すのが普通であ
る。しかし、「に格」は「から」を完全に取り込んだ格助詞として
働くことが出来るため、「借りる」などとも同じ性質を持つよう
になって「から」の代役を果たすことが出来る (例文41)。

33. 彼は弟に社長の地位をゆずった。

34. 大佐は攻撃を部下に命じた。

35. 私は金銭的な援助を<u>彼に</u>**頼んだ**。

36. 彼女は自分の秘密を<u>彼に</u>**話した**。

37. 彼は<u>叔父さんに</u>金を**借りた**。＝ 彼は<u>叔父さんから</u>金を**借りた**。

38. 会議は <u>9 時に</u> **始まった**。　　＝ 会議は <u>9 時から</u>**始まった**。

12）感覚・知覚・認知の到達点

英語ではthe eye can reach「目が届く」と表現し、日本語では「<u>雛に</u>**目が届く**場所で虫を探す」と言う。これは「視覚が到達して物が見える」ことを示し、感覚や知覚、認知を示す語には「…まで到達する」性質があることを伝えている。

反対に「<u>雛から</u>目を離す」は「見えない」になる。「見える」は不確実な認知も示せる。それらと同じ性質を持つ「に格」も「に届いて、に到達して、まで」の性質を持つ。

39. 195）郡が<u>立派な男に</u>**みえた**。　（秋・268）（奥田・312）

40. 彼は<u>中東情勢に</u>**精通している/詳しい**。

41. <u>原子核の存在に</u>**気が付いた**。

42. <u>雪に</u>**触れる/触る**。

13）不足・欠乏・欲望・願望表現

不足・欠乏の本質は「隔たり」である。「恵まれている」はその反対になり「つながる」性質を持つ。英語では「離れている」性質を持つ short などと同じ性質を持つ of ＝ off で「から離れている」を示す。また、願望・欲望は欠けた部分（隔たりのある部分）への到達を思い描くことを意味する。願望・欲望は「到達したい」性質を持つためそれと同じ性質を持つ to で「に到達したい」を表す。この様に、英語では of ＝ off と to を使い分けている。(cf. 3.5. & 3.5.1.)

日本語の「に格」は「から」を取り込んで働いているため、「から離れている」も「に到達したい」の両方とも「に格」で表せる。

✧　We are **short** *of* water. 水が不足している。(<u>水から</u>離れている)

43. <u>彼に</u>**不足している**のは忍耐力である。

　　(忍耐力は<u>彼から</u>離れている)

44. <u>ホームラン王に</u>なりたい。

45. <u>才能に</u>**恵まれている**。(<u>才能につながって</u>(恵まれて)いる)

14）方向を示す「に格」

台風が進んでいる間、進む方向が気になる。「進む」は「隔たり」を含意し、向きの要素「向かう」性質も持つ。人に話しかける場合、その人に「向かって」言うのが社会通念になっている。「見る」にも「向かう」性質がある。それらと同じ性質を持つ「に格」も「方向」を示す。

46. <u>台風は東に向かって</u>**進んでいる**。 46b. <u>台風は東に</u>**進んでいる**。

47. <u>子供の方に向かって</u>**話しかける**。　47b. <u>子供に</u>**話しかける**。

48. <u>遠くの方に</u>村の屋根が**見える**。

48b. <u>遠くに</u>村の屋根が**見える**。

49. 40) …高瀬舟はくろずんだ京都の町の家々を<u>両岸に</u>**みつつ**
　　……（山・107）（奥田・288）
　　＝…高瀬舟はくろずんだ京都の町の家々を<u>両岸の方に</u>**みつつ**

163

15）対立表現

　後続語が反対や相反の性質を持つと、それと同じ性質を持つ「に格」も同じ性質を持つようになり、「に対して」の性質を持つ。

50.　<u>上司に</u>さからって勝手なことをしたので僻地に左遷された。

16）独立用法（普通の格助詞）

　「ある」や「いる」、「立っている」など存在を示す語には空間的な位置を示す性質がある。空間的な位置は「くっついている」こともあれば「離れている」こともある。存在動詞は空間的な位置と深く結びついているため「くっつき」と「隔たり」両方の性質を持つ。その他、「現れる」や「きざす」などの出現動詞も両方の性質を持つ。

　「類は友を呼ぶ」仕組みは「くっついている」かあるいは「離れている」かを明確に区別できる別個の後続語を要求する。従って、両方の性質を持つ存在動詞や出現動詞が後続語になると、「に格」はどの性質と同じ性質を持つか決めかねる。故に、この様な語が後続語になると、「に格」は単独で独自に「くっつき」か「隔たり」かを示すことになる。しかし、「に格」の直前や直後に「くっつき」か「隔たり」かを判断する手がかりを残していることが多い。手がかりがない場合には「くっつき・関連」の性質を持つと見做されるが、これは to の性質と同じである。

　例文 57 で「空に」は空間的な位置を示すため、「またたいて」を疑似存在動詞として扱い「に格」を使える。しかし、それは厳密に言えば存在動詞ではないため『で格ももちいられて』いる（奥田・319）。

　例文 58 の「数学」を疑似空間と見做して、後の「ある」を存在動詞として扱うと、例文 57 と同じ文型になる。ところが、こ

の「ある」は「を格」を伴う「を持っている」に言い換えられるため、疑似存在動詞である。

　昔の tó は姿を消したため、前置詞 to には単独で「隔たり」を示す用法は無い。しかし、「に格」は to と異なり「から」を完全に取り込んで働いているため単独で「大きな隔たり」を示す例もある (例文 53)。

51. 壁にくっついて彼は**立っている**。
52. 壁から離れて**立っている**。
53. 娘は離れたところに**いる**。(to にはない)　53b. 娘は家に**いる**。
54. 私の家は体育館の近くに**ある**。(体育館から少し離れている)
55. 驚きの表情が彼女の顔に**あらわれた**。

56. 57) ……あたたかい情緒がつとむの胸に**きざしてきた**。(妻・255)(奥田・290)
57. 256) ……空に星が**またたいていた**……(流・28)(奥田・319)
58. 数学に**自信/興味がある**。(「に」は「に関して」を示す)

　空間的な位置を示す語は「ある」や「いる」などと固く結びついているため、それを省略しても心理的にそれを補える。

59. 254) ねこがひなたに**まあるくなっている**。(妻・170)(奥田・318)
　　= ひなたに*居る*ねこがまあるくなっている。

　また、「に格」の代わりに「の格」を使える場合にも「に格」の後の「ある」や「いる」などは省略される。

60. 44) ……土手の下のうら町に古本屋を一軒**しっている**ことをおもいだした。(ボク・7)(奥田・289)
　　※ 但し、原文には「土手の下」の「の」はない。

時間的な位置を示す「に格の前の名詞」は「離れて前」や「同時（隔たりゼロ）」、「くっついて後」などを表す。「に格」はそれに対応する。

61.　朝食の前に散歩した。
62.　274) 六時には店がしまりますね。（日・215）（奥田・320）
63.　270) 湯あがりにのむべきだった。（日・421）（奥田・320）

『に格の名詞がそのままで状況を示すようなことは，現代日本語ではあまりない。たいてい，現象性の名詞のあとに後置詞的な「うち」「なか」がついていて，それがに格の形をとり，状況を示している。』（奥田・320）　しかし、ここでも「で格」を使うのが普通である（例文66）。

64.　260) まあお前，子供をおぶって，この雨にやってきたの。
　　　（妻・229）（奥田・319）
65.　264) 浜ゆうの花はこの雨のなかにいつかくさってゆくらしかった。　（歯・94）（奥田・320）
66.　彼らはこの雨のなかで働いていた。

　最後に、『ひまがあるのに忙しいという』の「のに」は格助詞ではなく、『接続助詞』である。『旺文社国語大辞典：1160』[18]

[18]　山口明穂、和田利政、池田和臣編　『旺文社国語辞典』第十一般
　　　旺文社　2015年

用例の出展一覧　（奥田・339）

（※ 以下の本を購入して出典を確認したが、不明な部分もあった。）

11.	日	日々の背信	丹羽文雄	新潮文庫
13.	妻	妻	田山花袋	新潮文庫
18.	秋	秋のめざめ	円地文子	角川文庫
19.	流	流れる	幸田文	新潮文庫
20.	歯	歯車	芥川龍之介	岩波文庫
21.	山	山椒大夫, 高瀬舟	森鴎外	岩波文庫
27.	ボク	濹東綺譚	永井荷風	岩波文庫

　琉球大学で助手をしておられた平良純子氏のおかげで「に格」の論文集を入手出来た。ありがとうございます、純子さん。

　奥田靖男氏には筆者が気づかなかった「に格」やその歴史的変化を教えて頂いた。また、数多くの例文を示して下さったことにも感謝します。

引用書リスト

[Linguistics]

Curme, George O. *Syntax* Maruzen Asian Edition 第 3 版
　　　Boston: D. C. Heath; Tokyo: Maruzen, 昭和 53 年.

小川三郎『不定詞』英文法シリーズ 第 16 巻 第 22 版 研究社
　　　昭和 55 年

言語学研究会 編 『日本語文法・連語論 (資料編)』 むぎ書房
　　　1983 年

　　「に格の名詞と動詞のくみあわせ」奥田靖雄 1962 年 (pp. 281~323)

[Dictionaries]

井上永幸、赤野一郎 編
　『ウィズダム英和辞典』 第 2 版三省堂 2010 年
金田一春彦、池田弥三郎編
　『学研国語大辞典』初版学習研究社 昭和 54 年
小西友七／南出康世 編集主幹
　『ジーニアス英和辞典』第 4 版大修館書店 2011 年
小西友七、安井稔、國廣哲彌、堀内克明 編集主幹
　『小学館ランダムハウス英和大辞典』第 2 版 小学館 1994 年
山岸勝榮 編者代表
　『アンカーコズミカ英和辞典』 初版 学習研究社 2008 年
山口明穂、和田利政、池田和臣編
　『旺文社国語辞典』第十一版　旺文社 2015 年

[英文校閲]
Aiko Perry
Kristina Lawhead

168

索 引

B

D

E

F

G

J

P

Q

R

S

182

T

Y

Z

おわりに

　小学館の『小学館ランダムハウス英和大辞典』には例文が多く、本稿の編集に大いに役立った。In order for の例文に出会った時は感動した。In order や for が「目的」表現の真相を教えてくれた。

　学習研究社の『アンカーコズミカ英和辞典』には「方向の to」を理解するのに欠かせない説明がある。The island is *to the west of* this town に［これはかなり改まった言い方］だと説明を加え、庶民は to（と定冠詞）を排除すると説明している。

　三省堂の『ウィズダム英和辞典』では for ...ing は「物の機能・使用目的で用いる」と説明している。人の目的を表現する場合にはこの形にしないと言う。それは有益であった。

　Curme 氏の *Syntax*（丸善株式会社）からも庶民の英語の大切さを学んだ。良い例文もたくさん拝借でき、それが本稿の骨格を形成するのに役立った。Curme 氏には心からお礼を申し上げます。

　また、丸善株式会社の讃井氏は著作権問題を解決することに尽力された。そのおかげで *Syntax* が引用を許可して頂いた唯一の洋書になった。TIME や OED などは引用を認めてくれず、やむなく多くの例文を破棄した。讃井氏には厚くお礼を申し上げます。

　Aiko Perry 氏はイリノイ大学関係の仕事をされている。山城紀子氏を介して英文の校閲をお願いすると快諾され、Kristina 氏と共に丁寧に点検して下さった。Thank you ever so much! 校閲後に追加した例文には小さな誤りが生じた可能性もあるが、それは筆者の責任である。

187

化学専攻の稲嶺勉氏に、筆者の「方向」についての考え方に誤りがあると指摘された。そのおかげで、「方向」の性質を調べ直し、軌道修正して前進することができた。ありがとう勉君。

　新しい考え方を敬遠する人が多い中で、元同僚の翁長直美氏と喜舎場宗政氏は本稿を正当に評価して下さった。ありがとうございます翁長さん喜舎場さん。

　山岸勝榮博士（『アンカーコズミカ英和辞典』編者代表）からも高く評価する旨の便りを頂いた。専門の応用言語学からは恐らくそれた部分もある本稿を公平に評価された人間性に触れてただ感激するばかりである。山岸博士には心から感謝の意を捧げます。

　ある名誉教授から「何故、to 不定詞の to の研究などに時間を割くのか」とのコメントが届いた。最初その意味が分からず戸惑っていたが、「to は不定詞の単なる目印に過ぎない」と言いたいのだと解釈した。

　しかし、to が「単なる目印」に過ぎないのであれば、目印の分際で先行語を選り好みするとはけしからんことである。隔たりを示す特定の場面で、to は先行語が気に入らないとの理由で登場を拒否し、代わりに前置詞 except などを登場させて不定詞を支配させている。この事実は目印説の破綻を示している。前置詞 except などが不定詞を支配できるということは、不定詞が昔も今も動詞的名詞として働いていることを意味する。従って、前置詞 except と同様に、to の大部分も前置詞として不定詞を支配していることになる。

　表紙のユリは to を表す。「前に」咲いた満開のユリもあれば、「後に（将来）」咲く蕾のユリもある。ユリの「向き」も様々であるが、全部三本の幹に咲いていて三列に整列している。

【筆者紹介】

金城健裕

出身地　沖縄県

1965 年　琉球政府立 琉球大学

　　　　文理学部 英語英文学科卒

職業　　元英語教諭

2014 年 9 月　ver.1.00　発行

2018 年 5 月　ver.1.22　発行

2023 年 4 月　ver.2.32　発行

前置詞 TO

その働き方は先行語が決める

ISBN：978-4-434-31885-6　C3082

2023 年 4 月 7 日　初版発行

著者：金城健裕

発行所：ラーニングス株式会社
　　　　〒150-0002 東京都渋谷区渋谷 2-14-13
　　　　岡崎ビル 1010 号室
発行者：梶田洋平

発売元：星雲社（共同出版社・流通責任出版社）
　　　　〒112-0005 東京都文京区水道 1-3-30
　　　　Tell(03)3868-3275